Ralf Dahrendorf / Über Grenzen

Ralf Dahrendorf

Über Grenzen

Lebenserinnerungen

C. H. Beck München

Mit 25 Abbildungen auf den Tafeln
nach den Seiten 64 und 128

Die Deutsche Bibliothek – CIP Einheitsaufnahme

Dahrendorf, Ralf:
Über Grenzen: Lebenserinnerungen / Ralf Dahrendorf. –
München: Beck, 2002
ISBN 3 406 49338 6

Satz: Michael Hempel, München
Druck und Einband: Ebner & Spiegel, Ulm
Gedruckt auf säurefreiem, alterungsbeständigem Papier
(hergestellt aus chlorfrei gebleichtem Zellstoff)
Printed in Germany
ISBN 3 406 49338 6

www.beck.de

Inhalt

Prolog *Das Patchwork*

Als ich einem jungen Historiker-Freund von diesem Buch erzählte, reagierte er spontan: «Aha, also eine postmoderne Patchwork-Biographie!» Nun bin ich, wie die geneigte Leserin und sicher auch der Leser bald feststellen werden, in meinen Gewohnheiten ziemlich vormodern, ohne e-mail-Adresse, ja überhaupt vor-elektronisch, wenn nicht sogar vor-elektrisch. In meinen Haltungen und Meinungen andererseits bin ich entschieden modern, allerdings klassisch-modern, Immanuel Kant, Adam Smith, den Autoren der *Federalist Papers* und anderen des aufgeklärten, liberalen 18. Jahrhunderts verpflichtet.

Auch kann von Biographie hier nicht die Rede sein; es handelt sich allenfalls um eine Autobiographie. Übrigens merkte der zitierte junge Historiker dazu gleich an: «Autobiographien sind Lebenslügen.» Er meinte, dass sie Ereignissen und Erlebnissen einen roten Faden einzuziehen versuchen, den diese tatsächlich nicht hatten. Sie verdecken die Wechselfälle des Lebens mit einem schönen Schleier von Sinn und Bedeutung. Der Autor der Autobiographie macht sich selbst und damit auch seinen etwaigen Biographen etwas vor, was zumindest Postmoderne durchschauen.

Ganz von der Hand zu weisen ist diese Beobachtung nicht. Ich habe nämlich, bevor ich dieses Buch in Angriff nahm, eine vollständige, bis in die jüngste Gegenwart reichende Autobiographie geschrieben. Auf englisch übrigens, denn ich wollte meinen neuen Landsleuten in Grossbritannien etwas erzählen von meinen diversen Vergangenheiten und zudem eine Tätigkeit preisen, die mir immer schon Vergnügen bereitet hat: Das Überschreiten von Grenzen. Diese letztere Absicht ist denn auch geblieben, wie der Titel *Über Grenzen* beweist. Im übrigen aber missfiel mir der ganze lange Text plötzlich, und auch bei Freunden, denen ich ihn zu lesen gab, meinte ich, Vorbehalte zu spüren. Es kam immer zu viel oder zu wenig Geschichtenerzählen heraus; der rote Faden war brüchig, oder er fehlte; manches war erkennbar mit dem Blick auf Zeitgenossen geschrieben, an deren Wohlwollen mir mehr lag als an der Wahrheit. Ich legte den Text also gleichsam in ein Tiefkühlfach, worin er auch heute noch ruht, strack und starr.

Das gilt für den Text als Ganzen. Einige Teile habe ich am Ende herausgeklaubt, um sie in dieses weit weniger anspruchsvolle Buch hineinzuflicken. Denn ein paar Geschichten wollte und will ich schon erzählen: Von diversen Ansichten der Herkunft meiner Familie; vom politischen Umfeld der niedergehenden Weimarer Republik, in die ich geboren wurde; vom Aufwachsen in Nazi-Deutschland, und zwar für einen, der nicht zum Auswandern gezwungen war, jedoch in den Widerstand geriet; von der Stunde Null 1945 und der gespenstischen Erfahrung der Anomie; von lauter Anfängen, darunter sieben teils wirklichen, teils auch nur möglichen Leben.

Das ist, mit dem schönen deutschen Wort, ein Werdegang. Fast hätte ich daher auch von einem deutschen Werdegang gesprochen, doch wird unschwer erkennbar, dass diese Begrenzung zu eng gezogen wäre. Nicht zu eng gezogen ist hingegen die andere Begrenzung auf die Jahre vor meinem 29. Geburtstag. Sollten Leser darob verblüfft sein, so werden sie bald, nämlich bei der Lektüre der ersten Geschichte, merken, dass es dafür einen Grund gibt. Achtundzwanzig ist gleichsam meine Entelechie, die Form, in der meine Lebenskraft ihren reinsten Ausdruck fand. Was danach kam, wird hier als Extrapolation behandelt, als Verlängerung in eine aus dem Blickwinkel des 28jährigen noch unbekannte

Zukunft. Wenn es der Rede wert sein sollte, wird vielleicht einmal jemand davon reden.

Was bleibt, ist ein sehr persönliches Buch der Erinnerungen. Manches, das Freunde und andere von meinem Wirken wissen, kommt sozusagen nicht vor: die Diskussion mit Rudi Dutschke auf dem Autodach vor der Freiburger Stadthalle zum Beispiel (ich war 38), die «Wieland-Europa»-Artikel des unbotmässigen EG-Kommissars (ich war 42), der Weg nach England bis zum königlichen Ritterschlag (ich war 53) und weiter zur Mitgliedschaft im britischen Oberhaus (ich war 64). Andeutungen zu solchen Erfahrungen gibt es, auch in den Photos in diesem Band, aber die Ereignisse selbst bleiben Anspielungen, Ahnungen allenfalls. Dafür werden vielleicht die Motive erkennbar, die zu solchen Ereignissen geführt haben, die Anfänge des Weges, dessen Fortsetzung nicht unbedingt folgerichtig war, aber aus den 22 Geschichten dieses Buches möglicherweise verständlich wird.

Das Resultat ist also ein Patchwork. Meinem Wörterbuch entnehme ich, dass das englische Wort in die deutsche Sprache Eingang gefunden hat; es wird als Neutrum verzeichnet, also eben als *das* Patchwork. Eine brauchbare Übersetzung ist auch mir nicht eingefallen. Ein Flickenteppich klingt zu sehr nach Not, nicht nach Absicht. Ein Patchwork kann ja ein Kunstwerk sein, aus lauter schönen Einzelstücken zusammengesetzt und doch kein Stückwerk. Vielleicht kann man von einem bunten Teppich sprechen, zu dem diese Lebenserinnerungen sich fügen.

Zwei Freunden schulde ich für Rat und Hilfe besonderen Dank, Fritz Stern und Timothy Garton Ash. Beide haben übrigens selbst autobiographisch angelegte Werke in reizvoller (postmoderner?) Spiegelung geschrieben: Fritz Stern sein zugleich mit meinem entstandenes Buch über die «fünf Deutschlands», zu denen er als Person wie als Historiker eine Verbindung hat, und Timothy Garton Ash die aufregende Geschichte seiner Stasi-Akte, ihrer Entstehung und ihrer Folgen (*Die Akte Romeo*).

Ermutigung und hilfreiche Anregungen verdanke ich meinem Bruder Frank und meiner Tochter Nicola sowie Jürgen Busche, Thomas Hertfelder, Christian Hodeige, Christiane Klebs und Elke Schmitter. Ernst-Peter Wieckenberg hat mich und mein Manuskript mit fester und zugleich freundschaftlicher Hand zum Ziel der Veröffentlichung geführt. Damit gehöre ich zu den vielen, die diesem bedeutenden Verlagslektor Dank schulden. Edith Emmenegger hat das Manuskript in eine Druckvorlage verwandelt und dabei verständnisvolle Korrekturen angeregt.

Zu dem, was nicht vorkommt im Leben des 28jährigen, gehört auch meine Frau Ellen. Als ich sie mit 32 Jahren zum ersten Mal traf, war sie die Frau eines jungen Kollegen, die den bejahrten (!) Professor in ihrer New Yorker Wohnung bewirtete. Als unsere Leben sich verbanden, war ich schon 47. Indes ist nicht nur ihr Bild auf den Photoseiten zu finden, sondern ihr Einfluss ist allerorten in diesem Buch zu spüren. Für ihre Neugier, ihr nachdenkliches Fragen und manche Ermutigung bin ich ihr über alle anderen Empfindungen hinaus dankbar. Ellen hat übrigens für das Patchwork diverse Synonyme angeboten, darunter die schöne anglo-lateinische Verballhornung *omniumgatherum* für alles Mögliche zwischen zwei Buchdeckeln. Indes bin ich auf dem bunten Teppich geblieben, zu dem sich die folgenden Geschichten aus der Erinnerung fügen.

I *Achtundzwanzig, oder tausendundeine Möglichkeit*

Manchmal kommt es mir vor, als ob jeder von uns ein bestimmtes Alter zeitlebens mit sich herumträgt. Die einen bleiben für immer fünfzehn, sechzehn, siebzehn, Teenager also. Andere erreichen ein gesetztes mittleres Alter, bevor sie auch nur die Schule verlassen haben. Man wundert sich daher nicht, wenn man sie als Sechzigjährige wiedertrifft, wäre indes überrascht, sie bei den «grauen Panthern» zu finden. Nichts haben sie je an sich gehabt von Rilkes geschmeidig starker Wildkatze, die in betäubter Revolte die Stäbe ihres Käfigs abschreitet. Beim Schreiben der «Geschichte der London School of Economics» kam es mir in den Sinn, William Beveridge, den Begründer des britischen Wohlfahrtsstaates und einen meiner Vorgänger im Amt des Direktors der Hochschule, als zugleich Siebzehn- und Siebzigjährigen zu schildern, dem alle Zwischenstufen fehlen. Weder siebzehn noch siebzig ist ein besonders liebenswertes Alter, wenngleich das letztere zumindest kalendarisch meines ist, da ich dies zu Papier bringe. Was mich betrifft, so bin ich in Wahrheit immer achtundzwanzig gewesen und werde das wohl auch für den Rest meiner Tage bleiben.

Warum gerade 28? Nun, nicht mehr 17, nicht mehr Teenager, und eigentlich auch nicht Twen, Mittzwanziger, aber jedenfalls noch nicht dreissig. Im dreissigsten Jahr werden Zweifel wach. «Denn bisher hatte er einfach von einem Tag zum andern gelebt, hat jeden Tag etwas anderes versucht und ist ohne Arg gewesen. Er hat so viele Möglichkeiten für sich gesehen und er hat, zum

Beispiel, gedacht, dass er alles Mögliche werden könne: Ein grosser Mann, ein Leuchtfeuer, ein philosophischer Geist. Oder ein tätiger, tüchtiger Mann ... Oder ein Revolutionär, der den Brand an den vermorschten Holzboden der Gesellschaft legt ... Oder ein Müssiggänger aus Weisheit – jeden Genuss suchend und nichts als Genuss.» So Ingeborg Bachmann, meine Lieblingsdichterin, die dann allerdings noch den ironischen Giftpfeil bereithält: «Nie hat er [vor dem dreissigsten Jahr] gedacht, dass von tausendundeiner Möglichkeit vielleicht schon tausend Möglichkeiten vertan und versäumt wurden.»

An meinem 28. Geburtstag, am 1. Mai 1957, bereitete ich mich in Saarbrücken, an der Universität des Saarlandes, auf die Habilitation vor. Die Habilitation ist der Initiationsritus für junge Wissenschaftler, der sie *habilis* machen soll, also geeignet, angemessen, passend als Mitglieder des Kollegiums der akademischen Vollbürger. Als Assistent war ich an die noch taufrische Universität gekommen, die *Université de la Sarre*, die das Ihre dazu beitragen sollte, um das umstrittene Land zwischen Lothringen und der Pfalz auf eigene Füsse zu stellen. Anderthalb Jahrhunderte war es abwechselnd von Paris und Berlin regiert, um nicht zu sagen kolonisiert worden. Die Verlockung war immer gross, lothringisches Eisenerz und saarländische Kohle unter einen Hut zu bringen. Nach dem Zweiten Weltkrieg bekam der Hut einen neuen Namen, Europa. Das von Deutschland abgetrennte Saarland sollte nun ein halbwegs selbständiger Staat werden, mit eigenen Briefmarken, Grenzkontrollen, einem Ministerpräsidenten, der Mitgliedschaft im Europarat, und eben auch einer Universität.

Mir gefiel das Leben an der Grenze, als ich 1954 nach Saarbrücken kam. Nur wenige Kilometer weiter begann eine ähnliche und doch andere Welt. Kleinblittersdorf lag auf dieser Seite, gerade noch, aber die andere Hälfte des Dorfes war nun in Grosblidestroff umbenannt. Ich bekam mein Gehalt in französischen

Franken. Im Zentrum von Saarbrücken winkte ein Wegweiser mit der Verlockung «Paris 399 km». Die Professoren der Universität kamen aus allerlei Ländern. Mein unmittelbarer Vorgesetzter, Georges Goriely, war dennoch ein besonders bunter Vogel in ihrem Gehege. In Berlin als Sohn einer polnischen Mutter und eines französischen Vaters geboren, war er in Brüssel aufgewachsen; bald sollte er eine in Saarbrücken lehrende Engländerin heiraten. Der leicht chaotische Philosoph und Soziologe stand in dem Ruf, ein Trotzkist gewesen zu sein. Kernstück seiner politischen Haltung – wie übrigens auch meiner – war indes die immer wache Sorge vor der Wiederkehr des Nazismus. Eines Tages fand er im Wohnzimmer der Bergarbeiterfamilie in Dudweiler, bei der er als Untermieter wohnte, ein Buch, das der Standesbeamte den Eltern bei ihrer Eheschliessung während der Nazizeit überreicht hatte. Der gewichtige Bildband enthielt Photos von Nazi-Grössen. Goriely zeigte dem zehnjährigen Sohn des Bergmannes das Bild des SS-Führers Himmler, um die politische Korrektheit des Jungen zu prüfen. «Wer ist das?» Der Junge strahlte ihn an und antwortete frohgemut: «Das ist der Herr Professor!» Goriely schluckte sein Entsetzen und machte gute Miene zu dem missglückten Kompliment. Dass er selbst die Geschichte erzählte, sprach ohnehin für ihn.

Später, während des Abstimmungskampfes von 1955, ging es nicht mehr so lustig zu. Die Volksabstimmung, auf die sich der deutsche Bundeskanzler Adenauer und der französische Premierminister Mendès-France geeinigt hatten, gab Saarländern die Wahl zwischen einem europäischen Status für ihr Land und der Rückkehr in den als Bundesrepublik neu gegründeten deutschen Staatsverband. Goriely, ein österreichischer Professor und ich sassen in einem Gasthaus und redeten über das Für und Wider der Wahl zwischen Europäisierung und Germanisierung. Plötzlich stand ein Mann am Nachbartisch auf und näherte sich uns mit bedrohlicher Geste. «Wie kommen Sie als Ausländer dazu, so über mein Land zu reden?» Unser österreichischer Kollege sprang auf und verdrückte sich eiligst. Goriely hingegen stellte sich dem Deutschen vor (der, wie sich erwies, den nicht unpassenden Namen Reich trug) und begann ein Gespräch, das mit einer Verabredung zum Angeln am kommenden Sonntag endete.

Mittlerweile schritt an der Universität die Germanisierung kräftig voran. Deutsche Professoren von Rang, darunter der Ökonom Herbert Giersch und der Jurist (und spätere Bundesminister) Werner Maihofer, brachten ihre Fakultät dazu, das Stimmrecht der französischen Kollegen zu suspendieren, da diese nur «abgeordnet» seien und ihre Lehrstühle an Universitäten in Frankreich behalten hatten. Einige von uns Jüngeren organisierten eine Initiative gegen diese Entscheidung, die (wie wir es sahen) selbstverständliche Rechte von der Nationalität abhängig machte. Die ordentlichen Professoren hatten für solche Aufsässigkeit wenig Sinn.

Indes hinderte das den Fortgang meiner Habilitation für das Fach Soziologie nicht. Ich hatte eine Schrift verfasst, die unter dem Titel *Soziale Klassen und Klassenkonflikt in der industriellen Gesellschaft* (vor allem in der zwei Jahre später veröffentlichten erweiterten englischen Fassung) einigen Widerhall fand. Vor der Fakultät hielt ich einen Vortrag über «Sozialwissenschaft und Werturteil». Das war mein Lebensthema, übertragen auf die theoretische Ebene, denn es ging um das Überschreiten von Grenzen. Sozialwissenschaft muss wertfrei sein, und praktische Tätigkeit, Politik zum Beispiel, ist nicht angewandte Wissenschaft. Insoweit war ich mit dem Heros der Soziologie, Max Weber, einig. Indes gibt es Weisen, beide zu verbinden, ohne den Unterschied zu verwischen. Man kann im Lauf eines Lebens von der Theorie in die Praxis wechseln, und manchmal sogar wieder zurück. Man kann auch die Grätsche versuchen und rittlings auf der Grenze von Sozialwissenschaft und Werturteil sitzen, als politischer Berater zum Beispiel.

Ich hatte zu jener Zeit schon drei Pässe voller Visa und anderer Stempel. Zuweilen war es lästig, diese einholen zu müssen, doch habe ich nie in den Chor derer eingestimmt, die die Abschaffung aller Grenzen fordern. Grenzen schaffen ein willkommenes Element von Struktur und Bestimmtheit. Es kommt darauf an, sie durchlässig zu machen, offen für alle, die sie überqueren wollen, um die andere Seite zu sehen. Eine Welt ohne Grenzen ist eine Wüste; eine Welt mit geschlossenen Grenzen ist ein Gefängnis; die Freiheit gedeiht in einer Welt offener Grenzen.

Das alles hatte im Juli 1957 eine durchaus praktische Bewandtnis. Ich wurde gerade noch rechtzeitig habilitiert und zum Privatdozenten für Soziologie ernannt, um nach Le Havre zu fahren und von dort auf der *Flandre*, der kleineren und hässlicheren Schwester des seinerzeit berühmten Ozeanriesen *France*, den Atlantik zu überqueren. Im Frühjahr war mir die Einladung ins Haus geflattert, ein Jahr am Center for Advanced Study in the Behavioral Sciences, dem sozialwissenschaftlichen Zentrum für höhere Studien im kalifornischen Palo Alto, zu verbringen. Da eröffnete sich eine erregende Aussicht auf eine mir noch unbekannte Welt. In meiner Tasche trug ich einen Scheck über 2700 Dollar, den das Center mir grosszügigerweise zusammen mit dem Schiffsbillet geschickt hatte, um die Reise zu erleichtern. Das war eine grosse Summe, die grösste, die ich bis dahin auf einem Scheck gesehen hatte, und auch noch in Dollars; doch trug ich das wertvolle Papierchen auf der langen Reise über den Atlantik und dann im Greyhound-Bus von New York nach San Francisco im Gepäck bei mir. Als ich meinen neuen Kollegen am Center die Geschichte erzählte, wollten sie kaum glauben, dass es möglich ist, die halbe Welt und vor allem die Vereinigten Staaten mit einem Barscheck über 2700 Dollar in der Tasche zu überqueren, ohne unterwegs überfallen und ausgeraubt zu werden.

Aber ich haste zu rasch voran mit meiner Geschichte, so dass die Seele zurückbleibt – was tatsächlich seinerzeit auch geschah.

Oder war es doch eher das Herz als die Seele? Vera und ich hatten uns 1952 an der London School of Economics während meines ersten Semesters dort getroffen. Sie studierte Sozialpolitik, was an der LSE bedeutete, dass sie für einen praktischen Beruf mit sozialer Ausrichtung ausgebildet wurde, wie Sozialarbeit, Behindertenpflege oder, in ihrem Fall, Personalführung. Sie war hübsch und intelligent, aber auch verletzt und schwierig. Der Selbstmord ihres Vaters hatte einen Schatten auf ihre Kindheit geworfen, und es half nicht gerade, dass ihre Mutter mit dem Untersuchungsbeamten des Falles davongelaufen war. Vera verliess ihre Heimatstadt im Norden Englands und suchte ihr Glück in London. Dort begann sie Musik und Tanz und noch manches andere zu studieren, bis ein guter Freund sie an die Hand nahm und zielstrebig zur Aufnahmeprüfung für die London School of Economics führte.

Wir trafen uns bei einem studentischen Samstags-Tanzvergnügen. Für mich war es Liebe auf den ersten Blick. Vera war reizvoll und rätselhaft zugleich. Was sie in dem jungen Deutschen sah, ist nicht so leicht zu ergründen. Sie hatte im Krieg zwei Brüder verloren, und ihre Mutter konnte sich nie abfinden mit der Liaison mit dem Feind. Bald unternahmen wir allerlei zusammen, vergnügten uns mit gemeinsamen Freunden an der London School of Economics, reisten – immer per Autostop – nach Paris und weiter nach Heidelberg, kauften mit dem wenigen Geld, das wir hatten, Ingredienzen für einfache Mahlzeiten. Hin und wieder gab es grund- und hoffnungslose Streitereien, die sich dann in nichts auflösten, und ein-, zweimal gingen wir auseinander, aber am Ende verlobten wir uns, und im Juni 1954 heirateten wir. Vera hatte ihre Abschlussprüfung nicht bestanden, und meine zwei Jahre in London waren definitiv zuende. Nach einem missglückten Zwischenspiel am Frankfurter Institut für Sozialforschung (von dem noch zu reden sein wird) zogen wir im November 1954 nach Saarbrücken.

Die Ehe blieb turbulent. Sie hatte ihre guten Tage, führte aber nie zu der Erfüllung eines gemeinsam gestalteten Lebens. Dafür gab es zu viele quälende und auch verletzende Momente. Einer davon kam schon früh, in unserem ersten Saarbrücker Jahr. Mein Vater war am 30. Oktober, dem Tag vor meinem Dienstantritt in Saarbrücken, gerade 53 Jahre alt gestorben. Er konnte von Anfang an mit Vera nichts anfangen und war daher nicht einmal zu unserer Hochzeit gekommen. Für mich hingegen war mein Vater Vorbild und Mentor zugleich. Als er starb, fühlte ich mich verloren und liebesbedürftig. Doch Anfang des Jahres 1955 schon begann Vera immer häufiger einen Nachbarn in der kleinen Universitätssiedlung ausserhalb Saarbrückens, in der wir wohnten, zu treffen. Ich konnte das nur schwer verstehen und noch schwerer ertragen. In den folgenden zwei Jahren ging es in unserer Beziehung ständig auf und ab. Zur Zeit meiner Habilitation war Vera nach England zurückgekehrt. Gelegentlich kam sie zurück für ein paar bewegte Tage.

Indes war ich in jenen Monaten nicht mehr allein. Z., auch sie Bewohnerin der Universitätssiedlung und slowakischen Ursprungs, hatte all meine verborgenen Gefühle geweckt. Wir gingen zum Tanzen in den französischen Klub, auf Spaziergänge und manchmal längere Ausflüge. Es war eine jener Beziehungen, in denen die Zeit verrinnt, weil immer neue Höhepunkte alles andere verdecken. Sogar den Gedanken an Palo Alto schob ich beiseite, solange es eben ging. Dann aber kam der Tag des Aufbruchs zu einem neuen und unendlich erstrebenswerten Ziel.

Selten habe ich alle meine Antennen so auf Empfang gestellt wie in jenem Sommer nach meinem 28. Geburtstag. Ich fühlte mich – eine Zeitlang zumindest – von allen Bindungen frei. Ich hatte ein Buch geschrieben und meine akademischen Initiationsriten überstanden. Welche neuen Horizonte gab es nun zu erkunden? Sie warteten ringsum überall, und die Vorzeichen waren gut. Eines Tages während der Atlantiküberquerung, tief im Bauch der alternden *Flandre*, wo ich mit drei anderen eine Kabine teilte, gewann ich beim Bingospiel den Hauptpreis von 144 Neuen Franken. Sie schienen mir ein Vermögen und brachten ausserdem eine Einladung mit sich an den Tisch des Kapitäns oben, in den Gefilden der Reichen, sowie ein, zwei Tage als bestaunter Star. Während der langen Fahrt im Greyhound-Bus quer durch die Vereinigten Staaten schrieb ich mässige Gedichte und atmete die Luft seltsamer Orte wie Chilicothe in Ohio und Elko in Nevada. Drei Tage und drei Nächte dauerte die Reise, und alle zwei Stunden gab ein Halt Gelegenheit, noch einen Hamburger zu essen und noch ein Glas Milch zu trinken, was mir nicht schlecht bekam. *Going West*, die Fahrt in den Westen war eine Erfahrung, die viele andere vor mir schon gemacht hatten, darunter Brigham Young's Mormonenschar, die allerdings beschloss, dass «dies der Ort ist», bevor die goldenen Hoffnungen Kaliforniens vor ihnen zu glitzern begannen.

Das Center for Advanced Study erwies sich als Paradies auf Erden. Meine *study* in einer der Edelbaracken aus kalifornischem Redwood enthielt Bücherregale, einen Schreibtisch und eine grosse Schiebetür zu der Holzterrasse, auf der andere Fellows entweder in Nachdenken versunken wandelten oder einladend blickend auf ein Gespräch warteten. *Study* war der englische Name, für den ich keine rechte Übersetzung finde; es war eigentlich eher eine Denkkiste als ein Studierzimmer oder gar ein Büro. Ein Studio? Vielleicht, wenngleich man dabei nicht an das rotschimmernde Holz der hohen kalifornischen Tannen denkt. Das Center ging in sein viertes Jahr. Noch roch vieles neu, auch das Studio, und die Anregung durch brillante Gesprächspartner hob die Lebensgeister jeden Tag von neuem. Wir alle genossen es, Zeit zu haben zum Lesen, zum Nachdenken, zum Miteinander-Reden, zum Schreiben.

Eine Quadriga führender Ökonomen – allesamt später Nobelpreisträger – eröffnete mir, dem jungen Philosophen-Soziologen, ganz neue Perspektiven: Milton Friedman, George Stigler, Kenneth Arrow, Robert Solow. Wie das bei amerikanischen Ökonomen üblich ist, spielten sie Poker und luden mich ein mitzutun. Ich hatte keine Ahnung von dem Kartenspiel und eilte in die gut bestückte Referenzbibliothek, um den Artikel über Poker in der *Encyclopedia Britannica* zu studieren. Vieles behielt ich im Kopf, aber einem kritischen Satz widmete ich zu wenig Aufmerksamkeit: «In den Vereinigten Staaten gibt es gewisse Varianten des Spiels, die hier nicht im einzelnen beschrieben werden können.» So dauerte es nicht lange, bis ich einen guten Teil meiner 2700 Dollars verloren hatte. Aber ich blieb beharrlich und wurde alsbald ein Fachmann in US-Ökonomen-Poker, wenngleich mir in den sonnigen Wintermonaten Spiele im Freien mehr Spass machten, wie das Hufeisenspiel – der oft vergebliche Versuch, ein Hufeisen aus einigem Abstand um einen in den Boden gesteckten Metallstab zu werfen.

Nach Schule und Universität werden Gelegenheiten, Freundschaften zu schliessen, seltener; doch war zumindest für mich und für Fritz Stern, der sein Studio neben meinem hatte, das Center die Ausnahme. Fritz war damals dreissig und schon ein angesehener Historiker mit einem Sinn für die Methoden der Geschichtswissenschaft und dem tief engagierten Interesse für Deutschlands seltsame Wege und vor allem die von Deutschen und Juden. Er begann gerade – zuerst im Tandem mit unserem Mit-Fellow David Landes, dann allein – die Geschichte Bismarcks und seines Bankiers Bleichröder zu erforschen, die zu seinem Meisterwerk *Gold und Eisen* führen sollte. Später wandte er sich dem Leben grosser Naturwissenschaftler zu – Albert Einstein, Fritz Haber, Max Planck –, die alle neues Licht auf deutsche Dilemmas werfen konnten. Der Nobelpreisträger Fritz Haber war sein Taufpate gewesen; doch obwohl in Breslau geboren, ist Fritz zum Amerikaner geworden. Sein geistiges Zentrum fand er in New York an der Columbia-Universität, wo er zum

Kreis von Richard Hofstadter, Henry Roberts, Lionel Trilling, Jacques Barzun und anderen grossen Lehrern der Geisteswissenschaften gehörte und selbst mehrere Generationen zukünftiger Historiker unterrichtete. Er teilt mit den New Yorker Freunden und Kollegen viele Tugenden, darunter die geglückte Verbindung von gründlicher Forschung, analytischem Scharfsinn und literarischem Stil, die grosse Historiker ausmacht. Zudem machte sein waches Interesse an zeitgenössischen Entwicklungen ihn zum gesuchten Gesprächspartner, ja zum Regierungsberater, in Washington. Seit unserer ersten Begegnung in Palo Alto haben wir die wichtigen Wendepunkte unseres Lebens gemeinsam durchlebt und zudem die Liebe für die Schweizer Alpen in Graubünden geteilt, wenngleich er Sils vorzieht, während ich viele Sommer in Davos verbracht habe.

Ein paar andere gesellten sich zu der jüngeren Gruppe von Fellows, wie Marcus Cunliffe, der englische Militärhistoriker, und Joseph Ben-David, der israelische Wissenschaftssoziologe. Doch wurde das Jahr am Center von grossen Gestalten einer älteren Generation geprägt. Der Historiker Crane Brinton gehörte zu ihnen; seine *Anatomie der Revolution* gab meiner noch rudimentären Theorie des sozialen Wandels Erfahrungsgehalt. Dann war Talcott Parsons da, der Harvard-Professor, den viele schon für den führenden lebenden Theoretiker der Soziologie hielten. Seine Bücher *Struktur des sozialen Handelns* und *Das soziale System* wurden in aller Welt möglicherweise gelesen und jedenfalls diskutiert; wir hatten sie in dem von Studenten organisierten «Donnerstagabend-Seminar» in meinem letzten Jahr an der London School of Economics studiert.

Nun war ich also Fellow-Kollege des grossen Mannes. Wie er an seinem Schreibtisch sass, sah er ein bisschen aus wie Agatha Christies Meisterdetektiv Hercule Poirot (zumindest wie die Filmversion des smarten kleinen Belgiers). Er redete in der für ihn charakteristischen bedächtig-bewussten Art. Während des Gesprächs wanderten seine Augen immer wieder zu der grünen Wandtafel, die auch zum Inventar der «Denkkiste» aller Fellows gehörte. Er hatte dort 64 Felder wie ein Schachbrett aufgezeichnet. In manchen von ihnen verwies ein für den Aussenstehenden unleserliches Gekritzel auf irgendeine Bedeutung. Plötzlich, während wir über etwas völlig anderes redeten, etwa sein Vergnügen an dem herrlichen Blick auf die schneebedeckten Alpen bei seinem letzten Flug nach Italien, sprang er auf, nahm den Kreidestummel zu einem bestimmten Feld unter sonst noch unausgefüllten Umfeldern und rief voller Freude: «Hier gehört das Rechtssystem hin!» Parsons hatte einen klassifikatorischen Kopf; wirkliche Ereignisse dienten ihm allenfalls zur Illustration von Begriffen, nicht zur Anregung oder Widerlegung von Theorien.

Eben hier trennten sich unsere Wege. Ich war intellektuell mit einem weissen Blatt Papier zum Center gekommen. In den ersten Wochen tat ich fast nichts. Meine Wandtafel blieb leer, eine echte *tabula rasa*, wenn ich auch begonnen hatte, mit der Schreibmaschine zu spielen, die jedem von uns ins Studierzimmer gestellt wurde. Damit begann mein letzter zögerlicher Schritt in die Moderne: Ich gab das Schreiben mit der Hand, vielmehr mit Federhalter und Tinte, auf und begann, alles zu tippen, Briefe, Tagebücher, Bücher. Dabei bin ich auch geblieben, für immer 28 Jahre alt, oder besser, für immer im Jahr 1957; nicht nur habe ich nie mit Computern umzugehen gelernt, vielmehr machte ich sogar vor elektrischen Schreibmaschinen Halt. Daher habe ich mehr als vierzig Jahre später die grössten Schwierigkeiten, die richtigen Farbbänder zu finden, geschweige denn funktionierende mechanische oder (wie ich sie nenne) «Dampf»-Schreibmaschinen aus zweiter oder auch zehnter Hand, wenn bei dem vom Zweifingertippen ramponierten Gerät ein Buchstabe zerbricht oder sonst ein Teil versagt.

Als ich mich so mit meinem Spielzeug in dem Redwood-Studio am Center vergnügte, kamen mir die Ideen für zwei kleinere Arbeiten, die eine Zeitlang Diskussionen über die Grenzen der Soziologie hinaus auslösen sollten. Die eine war die Parsons-Kritik unter dem Titel «Pfade aus Utopia», die andere der Aufsatz «Homo Sociologicus», der die soziologische Kategorienlehre in eine liberale Kritik an der «ärgerlichen Tatsache der Gesellschaft» einbettete. In dieser Zeit entstand mein Ruf als «Konflikttheoretiker».

Die Tage vergingen an der Schreibmaschine, im Gespräch und beim Spiel auf dem Hang oberhalb der Stanford-Universität. Es waren gesegnete Tage. Abends fuhr ich dann in dem alten Dodge, den ich von einem Fellow des Vorjahres erstanden hatte, hinunter zu dem vom Center für mich angemieteten kleinen Haus in der Amherst Street. Ich erinnere mich an lange Abende am Tisch in dem offenen Wohn-Essraum, wo ich, *horribile dictu*, Artischockenblätter in Mayonnaise tauchte, dazu Whisky trank und las oder meinen Geisteszustand in poetischen «Stasen» verriet, sentimentalen Zustandsbeschreibungen ohne besonderen Wert: «voller mond / der blaue vogel bindet / konzert der grillen – nebelwand / rollt über kahle hügel / und löscht die sonne – dämonen locken / in schluchten» usw.

Wahrscheinlich gab es nicht gar so viele solcher Abende mit Whisky und Poesie, und sei es nur weil irgend jemand am Center immer zu einer Party einlud. Vor allem aber wurde Ende Oktober 1957 das Idyll rüde unterbrochen durch zwei Meldungen aus Europa, die mich innerhalb weniger Tage erreichten. Ein Brief von Vera und die Notiz eines Freundes im Namen von Z. enthielten ähnliche Botschaften. Jede der beiden liess mich wissen, dass es zwingende Gründe gebe, warum sie nach Kalifornien kommen müsse, und zwar sofort. Zwingende Gründe? Allerlei mehr oder minder offenkundige Dinge gingen mir durch den Kopf. Vielleicht hätte ich mir die Tatsachen genauer ansehen sollen anstatt in moralischem Trübsinn zu schwelgen. Jedenfalls war die grenzenlose Glückseligkeit der ersten kalifornischen Wochen dahin.

Eine Entscheidung musste getroffen werden, im Grunde sogar zwei Entscheidungen.

Tatsächlich kam ich nach einer Reihe von (damals kostspieligen und umständlichen) transatlantischen Telephonaten zu dem konventionellen Schluss und schickte Vera ein Flugticket nach Kalifornien, während ich Z. wissen liess, dass meine Frau und ich wieder zusammengekommen seien. Ich habe Z. nicht wiedergesehen. Irgendwann Mitte November fuhr ich zum Flughafen von San Francisco, um Vera abzuholen. Sie stieg strahlend und hübsch aus dem Flugzeug. Und der zwingende Grund? Ein Kind erwartete sie jedenfalls nicht. Unsere Tochter Nicola kam acht Monate nach unserer Abreise von Palo Alto zur Welt.

Die folgenden Monate sollten eine zugleich tätige und verspielte Zeit werden. Wir gingen auf viele Parties und gaben selbst ein paar. Ausflüge zur Küste und in die Sierras, zur Fisherman's Wharf, der Old Spaghetti Factory («Jazz and Poetry») und anderen Attraktionen in und um San Francisco, dann in der Weihnachtszeit zu entfernteren Zielen, soweit der altersschwache Dodge uns trug (tatsächlich bis nach Monterrey in Mexiko), unterbrachen die Seminare und Schreibübungen am Center. Auf einmal war da nicht nur Fritz Stern, sondern auch Peggy, nicht nur David Landes, sondern auch Sonia, Marcus Cunliffe und auch Mitzi, Joseph Ben-David und Mirjam. Überdies gab es viel weniger Whisky, und keine Gedichte.

Dafür stellte sich eine andere Frage zuerst leise, dann immer lauter und dringlicher: Was tun nach dem Jahr im Paradies? Die Rückkehr nach Saarbrücken kam nicht in Frage; zu viele Erinnerungen würden uns bald wieder trennen. In Amerika bleiben? Nach England gehen? Nach Deutschland zurückkehren und dort auf einen Lehrstuhl hoffen? Für den 28jährigen war das letztere fast ein ungehöriger Gedanke. Allerdings hatte es den erinnernswerten Spaziergang mit meinem akademischen Lehrer der Klassischen Philologie Ernst Zinn im Sachsenwald bei Hamburg gegeben. Zinn (von dem noch mehr zu erzählen sein wird) hatte mich gefragt, ob ich nicht die Universitäts-Laufbahn einschlagen wolle. Oh nein! war meine Antwort, ich will doch nicht arm sein! Wenn ich 28 bin, will ich mindestens 800 Mark im Monat verdienen. (Das deutsche Durchschnittseinkommen lag zu jener Zeit bei etwa der Hälfte davon.) Daraufhin begann Zinn, mir vorzurechnen, dass ich meine Promotion im Alter von 23 Jahren abschliessen könne (was ich auch tat) und die Habilitation mit 27 (was ich beinahe schaffte); dann könnte es durchaus sein, dass ich mit 28 auf einen Lehrstuhl berufen und daher sogar noch mehr als 800 Mark im Monat verdienen würde. Ich glaubte ihm nur halb. Dabei hatte er offenbar hellseherische Talente, denn bald nach Jahresbeginn erreichte mich 1958 der Ruf auf den Lehrstuhl für Soziologie an der Akademie für Gemeinwirtschaft (heute Hochschule für Politik und Wirtschaft) in meiner Vaterstadt Hamburg. Die Professur war am 1. Mai 1958 anzutreten.

Was das Center anging, so hatte dieser Gang der Dinge in mancher Hinsicht bedauerliche Folgen. Ich war noch in Palo Alto, als eine Reihe von uns beschloss, sich Bärte wachsen zu lassen; ein Vollbart schien mir zu radikal, aber mein pflegeleichter Strubbel-Schnurrbart geht auf jene Entscheidung zurück. Die Wende vom Frühling zum Sommer aber verpassten wir schon, und dann vor allem die ausgiebigen Festivitäten, mit denen zumindest die frühen Jahre des Center abschlossen. Die Jahrgänge hatten Namen bekommen, die in der kollektiven Erinnerung fortleben. Das erste Jahr, 1954–55, hiess «die Familie»; sie bestand aus einer eng gefügten Schar hervorragender Sozialwissenschaftler, die zumeist das Ehrgeizalter schon hinter sich hatten. Das zweite Jahr war «die Fabrik», denn fast jeder Fellow hatte mindestens ein Buch produziert. Das Jahr vor unserem war «die Fiesta», denn es hatte sich in einem endlosen Strom von Parties und Ausflügen vergnügt. Hatte unser Jahr am Center einen Namen? Wenn er wiederum mit F beginnen sollte, dann wäre Freundschaft nicht unangemessen. Am Ende des Jahres bekam jeder von uns einen hellgrauen Pullover, auf dessen Ärmel Zeichen für Errungenschaften wie militärische Symbole aufgenäht waren: ein Hufeisen für Erfolge im dazugehörigen Spiel, ein Buch für akademischere Produkte, einen nach oben weisenden Pfeil für einen Karrieresprung. Dies waren die drei Zeichen, die ich auf meinem Pullover fand, als er mich per Post nach meinem ersten Hamburger Semester erreichte.

So verliessen wir unser Haus an der Amherst Street und verkauften unseren Dodge. Fritz und Peggy Stern brachten uns zum Flughafen. In Hamburg holte meine Mutter uns ab. Sie hatte sich auf die Suche nach einer Wohnung für uns begeben und ein gerade fertiggestelltes Reihenhaus in Blankenese gefunden, dem Villenvorort an der Elbe, in dem meine Eltern wohnten, als mein Vater starb. Verglichen mit Kalifornien war unser Häuschen ein wenig beengt und sehr viereckig, aber wir fühlten uns wohl in ihm, besonders nach Nicolas Geburt im Januar 1959. Indessen trat ich meine Stellung als «Herr Professor» an. Kurz vor meinem 29. Geburtstag wurde ich in das Senatsgehege geladen, das Allerheiligste der (ansonsten durchaus weltlichen) Hamburger Stadtregierung. Dort erhielt ich meine Ernennungsurkunde als ordentlicher Professor und schwor den Treueeid auf die Verfassung der Freien und Hansestadt.

Ein Amt, ein Haus, ein Kind – so ging das Jahr des Achtundzwanzigjährigen mit lauter Anfängen zuende. Wie es dazu kam, ist das Thema der folgenden Geschichten.

2 *Auf Wurzelsuche, mit Bruder*

An diesem frühen Apriltag des Jahres 2000 kam die Londoner Maschine ausnahmsweise pünktlich in Düsseldorf an. Mein Bruder Frank wartete auf mich mit seinem Volvo. Die Fahrt ging zunächst nach Erftstadt, um dort Cousin Ingo über die Familiengeschichte der Dahrendorfs zu befragen. Ingo, der bis zu seiner Pensionierung als leitender Ingenieur beim Westdeutschen Rundfunk gearbeitet hatte, war irgendwann zum Ahnenforscher der Familie geworden. Mehr noch, vor ein paar Jahren hatte er alle überlebenden Mitglieder des Clans in dem Städtchen Salzwedel versammelt, aus dem wir seiner Meinung nach stammen. Salzwedel liegt nahe der Grenze im früheren Ostdeutschland. Es ist ein Ort, der nicht gerade von Bedeutung überquillt, auch wenn es in der Nähe den noch belangloseren Flecken Dahrendorf gibt, den wir an einem frostigen Spätherbsttag besuchten.

Ellen, meine zweite Frau und eine zur Londonerin avancierte New Yorkerin, fand das alles sehr fremd und ein bisschen komisch. Die Kinder, Nicola, Sandy und Daphne, waren eher verwirrt. In dem Salzwedeler Gasthof versammelten sich nicht nur vertraute Gesichter der Hamburger Anverwandten, sondern auch Dahrendorfs, die es in der DDR zu bescheidenen Würden gebracht hatten. Sie alle stammten, wie Ingo uns an Hand von sorgsam konstruierten Stammbäumen und vergilbten Kirchenbuchblättern erläuterte, von denselben Salzwedeler Vorfahren ab, einfachen Leuten, die Schuhmacher gewesen waren, aber in schlechten Zeiten als Totengräber oder städtische Arbeiter ihr karges Brot verdienten. Mit ein bisschen Mühe brachte Ingo die Ahnenreihe bis ins frühe 17. Jahrhundert.

Mir war das alles unheimlich. Es stimmte einfach nicht mit den bruchstückhaften Erinnerungen überein, die ich aus den Erzählungen meiner Eltern mitgenommen hatte. Salzwedel? Zunächst einmal war von Hamburg zu reden. Da hatten Ingo und ich als Zwölf-, Dreizehnjährige Opa Dahrendorf in seiner schlichten und etwas düsteren, aber auch geheimnisvollen und gemütlichen Wohnung in einem der weniger einladenden Viertel der Stadt besucht. Der Grossvater, der wie ein freundlicher Teddybär aussah und immer muntere Stimmung verbreitete, war zuweilen ein Tunichtgut. Er gab uns Kindern die ersten Zigaretten. Das machte ihn vor allem meiner Mutter suspekt, die ohnehin die Dahrendorf-Geschichte uns Kindern gegenüber in einen geheimnisvollen Smog hüllte, der uns zu dem Schluss führte, dass es da etwas zu verbergen gab. War Opa Dahrendorf im Gefängnis gewesen? Ja, ist die Antwort; er war wegen «Unterschlagung», was wohl eher ein Euphemismus für Diebstahl war, mit dem Gesetz in Konflikt geraten.

Was die Herkunft anging, so führten die spärlichen Erzählungen in den Norden, nach Süderbrarup (woher die Familie meiner Mutter kam), in die Landschaft Angeln, ja nach Dänemark, wobei alle Spuren sich alsbald verliefen. Ein preussischer Soldat hatte Grosspapa dort hinterlassen, und ansonsten wusste man gar nichts. Ingo brauchte nicht lange, um uns unwissende Brüder aufzuklären. Ingos Frau Gerda war um unser leibliches Wohl besorgt und hatte einen grossen Teller voll Brote geschmiert, aber wir liessen uns von den photokopierten Dokumenten gefangennehmen, die der Cousin vor uns ausbreitete. Die nackten Tatsachen sind einfach. Der Urgrossvater war aus Salzwedel (es liess sich nicht mehr leugnen) als Garde-Kanonier in den preussisch-dänischen Krieg von 1864 gezogen und danach in Hadersleben hängengeblieben. Als eine Magd namens Catharina Maria

Adolphsen von ihm ein Kind erwartete, verschwand er von der Bildfläche. Nach Amerika, um dort neue Lebenschancen zu suchen? Oder nach Königgrätz, um dort elendiglich auf dem Schlachtfeld zu fallen? Auch Ingo wusste keine Antwort. Das Kind, unser Grossvater, wurde am 15. November 1866 in einem Ort namens Kauslund geboren.

Ingo fügte noch manches Detail hinzu und gab uns Adressen von Ämtern mit auf den Weg. So fuhren wir gen Norden. Mich hatte die Neugier gepackt, während Frank das ganze Unternehmen mit freundlicher Ironie betrachtete. Er ist fünf Jahre jünger als ich, und wir haben uns immer gut verstanden, weil wir so verschieden sind. Früh schon galt, dass er gerufen wurde, wenn es etwas zu reparieren gab, denn «Ralf ist so unpraktisch». Er hatte als Anwalt, dann als Hamburger Staatsrat und als Senator zuerst in Hamburg, dann in Berlin seinen Weg gemacht. So leicht brachte ihn nichts aus der Ruhe, während mich kaum etwas aus der Unruhe bringt. Jetzt tauchten wir gemeinsam und mit langen Gesprächen in die Vergangenheit ein, die ihm immer wieder ein Lächeln ob meiner Hoffnung abnötigten, doch noch zu entdecken, dass ich in Wahrheit ein Däne bin.

Wir fuhren durch allerlei Orte der Erinnerungen. In Undeloh in der Lüneburger Heide hatte meine Mutter einen Fahrradunfall gehabt, bei dem ich als Kleinkind in einem Korb am Lenkrad leicht hätte zu Schaden kommen können. Auf dem Friedhof Ohlsdorf sind Vater und Mutter begraben. Die Autobahn nach Flensburg führt alsbald in eine Landschaft, die ich zunehmend als heimatlich empfand, obwohl ich zu viele Heimaten habe, um das ganz ernst meinen zu können. Der historische Krug in Oeversee, in dem wir übernachteten, macht auch mit seinem königlich-dänischen Privileg «seit 1519» Reklame. Die ganze Provinz Schleswig hatte ja unter dem Schutz der dänischen Krone gestanden, bis die lästige «Schleswig-Holstein-Frage» im 19. Jahrhundert die durchaus funktionierende Idylle zerstörte. Wie sagte doch der britische Premierminister Lord Palmerston? «Nur drei Leute haben die Schleswig-Holstein-Frage je verstanden – einer war im [britischen] Aussenamt, und der ist gestorben; einer war ein deutscher Professor, und der ist verrückt geworden; und der dritte war ich, aber ich kann mich nicht erinnern.»

Dann also Haderslev, wie es dänisch heisst, oder Hadersleben, der Ort der Tat. Die schmucke, muntere kleine Stadt gefiel mir, auch wenn die zu gross geratene gotische Domkirche mit ihrem kalten protestantischen Weissputz eher frostige Empfindungen weckt. Die liebliche Hügellandschaft ringsum entschädigt dafür. Mehr noch galt das für die Angestellten im Stadtarchiv, die bereitwillig historische Bücher und Dokumente herbeischafften. In der Tat gab es da allerlei Dahrendorfs (manchmal Dahrendorff buchstabiert, aber selten ohne das ungewöhnliche «h»). In den 1830er Jahren hatten sie sich – Ingo nennt sie eine «Nebenlinie» – sogar förmlich niedergelassen. Sie waren Tuchmacher und angesehene Bürger der Stadt. Ihre Fabrik nahe dem Zentrum von Haderslev in der Storegade 79 – zu ihrer Zeit auch als Grosse Strasse 79 geläufig – war mit allerlei modernem Gerät bestückt. Als sie 1871 für gutes Geld verpachtet wurde, zählte der Vertrag neben Spinnmaschinen und Webstühlen eine Pflückmaschine, eine Haspelmaschine und eine neue Dampfmaschine mit Zubehör auf.

Es besteht wenig Zweifel, dass der Soldatenvater von Grosspapa nach dem Kriegsende 1865 bei den Haderslever Dahrendorfs unterkam und sein Auskommen hatte. Urkundlich bezeugt ist, dass er, Friedrich August Theodor Dahrendorf, 1865–66 Wohnrecht in Haderslev hatte. August war sein bevorzugter Name, oft zu Guschi abgekürzt; das ist auch der Kosename für Gustav, den Vornamen meines Grossvaters und meines Vaters, und auch meinen eigenen, denn ich heisse laut Geburtsurkunde Ralf Gustav.

Soweit Grosspapas Vater, dessen Spuren sich, wie gesagt, 1866 verlieren. Opas Mutter nachzuspüren erwies sich als schwieriger. Catharina Maria Adolphsen war Magd, also Hausgehilfin. Ob sie im Dahrendorf-Haushalt gedient hat, konnten wir nicht feststellen. Ausgerechnet für das entscheidende Jahr 1866 liess sich im Archiv von Aabenraa/Apenrade das «Zu- und Abgangsbuch» nicht auffinden. Aber wir konnten ermitteln, dass die 24jährige von Schwensby im südschleswigschen Angeln nach Haderslev gekommen war. Als sie das Kind erwartete, gab sie ihre Stellung auf und brachte den sicher nicht erwünschten Nachwuchs in der Nähe ihrer Heimat, in Kauslund, zur Welt. Kauslund konnten wir kaum finden; es ist heute unter den sich immer noch ausbreitenden Wohnsiedlungen im Osten der Stadt Flensburg nicht mehr als Ort erkennbar.

Gustav Adolphsen (wie Grossvater eigentlich hiess) hatte keinen guten Start ins Leben. Sein Vater, der Soldat, hatte sich aus dem Staub gemacht. Mutter Adolphsen starb, als das Baby gerade sieben Monate alt war. Es landete in einem Armenhaus irgendwo in Angeln – in Sörup vielleicht –, wurde an Bauern zur Landarbeit verdingt, als es alt genug war, bis der findige junge Mann schliesslich zum Glitzerglanz der nächsten Metropole, der Stadt Hamburg, eine Tagereise weiter südlich, entfloh.

Vor ihrem Tod hatte meine Urgrossmutter es immerhin fertiggebracht, den Namen ihres Sohnes in Dahrendorf zu verändern. Vielleicht glaubten ihre Eltern – Catharina Adolphens Mutter stammte von der dänischen Insel Aerø –, so die Schande der unehelichen Geburt, noch dazu von einem preussischen Soldatenvater, verringern zu können. Wo liegen also unsere Wurzeln? Nicht in Salzwedel, da bin ich sicher. Aber auch der dänische Ursprung bleibt ein wenig undeutlich. Am Ende beschloss ich, dass die Wurzeln in Angeln liegen. Das tausend Quadratkilometer grosse Dreieck zwischen der Flensburger Förde und dem breiten, schiffbaren Gewässer der Schlei, das wie ein Fluss aussieht, aber auch eine Förde ist, ist von vielen Reisenden als englisch anmutend und insbesondere der südenglischen Grafschaft Kent ähnlich beschrieben worden. Die Hügellandschaft mit ihren Hecken und Flecken «gleicht einem englischen Park in einem grossen Stil», schrieb Jacob Iversen 1829. Angeln war natürlich «die Wiege von Old England», oder in Johann Hübners Worten (1733) «das Vaterland der alten Angeln und Saxen, die im fünften Seculo die weltberühmte Expedition nach Britannien getan und das Land nach ihrem Namen Anglia genennet haben». Nicht alle Erinnerungen an ihre Invasion waren ganz so freundlich. John Bowle beschreibt die Angeln in seinem Buch über die «englische Erfahrung» als primitive Marodeure, ja, wenn er zu Hengist und Horsa kommt, als «barbarische Söldner» und natürlich Deutsche. Sie zerstörten die Kultur des römischen Britannien. Erst als sie sesshaft geworden waren, besserten sich die Dinge. «Im achten Jahrhundert war das angelsächsische England ein Kraftzentrum der Zivilisation geworden.»

Cousin Ingo lacht nur, wenn ich diese Tradition und meinen eigenen Platz in ihr preise, und auch mein Bruder verriet gelegentlich durch sein mitleidiges Lächeln seine Meinung. Dabei hätten wir alle drei durchaus Adolphsens sein können, und Opa Gustav Dahrendorf war schliesslich in Kauslund in Angeln geboren und hatte für kurze Zeit mit seiner Mutter Wohnrecht in Haderslev. Übrigens kamen auch die mütterlichen Grosseltern aus derselben Gegend. Ihre Herkunft zu erforschen bereitete wenig Schwierigkeiten. Die Geschichte der Witts und der Sörnsens führte in ein, zwei Fällen nach Angeln, aber für die meisten Vorfahren in die weit mildere, ja selbstgenügsame Region von Schwansen südlich der Schlei. Alle waren einfache, ehrliche Leute, Landarbeiter zumeist; Grossvater Witt hatte als erster ein Handwerk gelernt: als Bäcker. Das erwies sich im Krieg von 1914 als besonders nützlich, denn die Feldbäckerei hatte ihren Standort in gehörigem Abstand von der Front, so dass er an Kämpfen nicht beteiligt war. Nach dem Krieg wurde er in Hamburg Arbeiter im Friedhofsdienst der Stadt. Eine solche Tätigkeit galt als ehrbar, weil sie im öffentlichen Dienst war, und sowohl ihm als auch seiner Frau, der Mutter meiner Mutter, lag viel an Ehrbarkeit und Anstand.

Opa Dahrendorf tat sich damit schwerer und hatte doch so viel Talent, Witz und Lebenslust. Vielleicht hat er vor allem seine Kinder damit begabt. Seine fünf Söhne mit seiner ersten Frau Rebekka waren eine bemerkenswerte Truppe. Theo, der jüngste, zeigte sich am abenteuerlustigsten, wenngleich seine Hamburger Exportfirma ihn vielleicht auch darum nach Nigeria schickte, weil er es schwer fand, sich an ein normales Leben zu Hause zu gewöhnen. Zwei schöne Tierfiguren aus Messing, die er aus Lagos mitgebracht hatte, schmücken heute noch unseren Kaminsims in London. Theo nahm sich das Leben, als er 1950 wegen Schizophrenie in die Klinik sollte. Der zweitjüngste, Walter, profitierte von der Grosszügigkeit seiner früh und hart arbeitenden älteren Brüder. Diese sparten nämlich einen Teil ihres bescheidenen Einkommens, um ihm den Besuch des Gymnasiums und sogar der Universität zu ermöglichen; er studierte Englisch und wurde Gymnasiallehrer. Die drei ältesten Brüder, darunter Ingos Vater Willi und Franks und mein Vater Gustav, verliessen die Schule mit vierzehn Jahren und fanden Tätigkeiten im Büro. Eine Strähne der grossväterlichen Exzentrik war in ihnen allen zu finden, aber zum Unterschied von ihrem Vater brachten sie es weit. Jeder der drei Älteren sollte zwei Söhne haben, und der «junge» Walter, der Lehrer, zwei Töchter. Wir acht in meiner Generation waren allesamt in der Lage zu studieren.

Als Frank mich nach unserer Reise durch Schleswig und Jütland, Angeln und Schwansen in Hamburg am Flughafen ablud, waren wir beide erschöpft. Wurzelsuche ist anstrengend. Wir waren zu erschöpft, um das Offenkundige noch wahrzunehmen. Er lebt in Berlin (wo er auf Grund der Umstände der Zeit 1934 auch geboren ist), ich lebe in London und manchmal in Bonndorf im Schwarzwald; aber beide sind wir Hamburger.

Unsere Eltern sind in Hamburg geboren. Die Hansestadt mit ihrem Bürgersinn und zugleich dem offenen Blick in die Welt ist am Ende der wirkliche Wurzelgrund der Dahrendorfs.

3 *Tag der Arbeit*

Der 1. Mai war und ist der Tag der Arbeit in Deutschland und daher ein Feiertag. Mein Vater, Sozialdemokrat mit Leib und Seele, und 1929 schon Mitglied der Hamburger Bürgerschaft sowie Redakteur der Parteizeitung *Hamburger Echo*, redete auf einem der Plätze der Hansestadt zu einer Versammlung Gleichgesinnter. Gegen halb elf Uhr morgens an jenem 1. Mai 1929 schob ihm jemand einen Zettel aufs Rednerpult, um ihm mitzuteilen, dass er gerade Vater eines Sohnes, seines ersten Kindes, geworden war. Gewiss verkündete er der versammelten Menge die freudige Nachricht; die Genossen werden ihm Beifall gespendet haben für die exemplarische sozialistische Tat; dann entschwand er zum Barmbeker Krankenhaus, um den kleinen Ralf in Augenschein zu nehmen und die Hand der Mutter zu halten.

Für einen jungen aufstrebenden Politiker war es keine leichte Zeit. Deutschlands allzu kurzlebige erste demokratische Erfahrung, die Weimarer Republik, hatte ihre besten Jahre schon hinter sich, die Jahre nämlich vom Ende der Hyperinflation im November 1923 bis zum Beginn der grossen Wirtschaftskrise im Oktober 1929. Zwei oft gewalttätige Auseinandersetzungen bedrohten Sozialdemokraten. Die eine war der Kampf gegen die steigende Flut des Nazismus. In den Reichstagswahlen vom September 1930 sprang der Stimmenanteil der Nazis plötzlich von unter 3% auf 18%. Der andere Kampf galt damals noch als Bruderkrieg in der Arbeiterbewegung. Kommunisten wandten sich gegen Sozialdemokraten und beschimpften sie unter anderem als

«Sozialfaschisten», was tatsächlich eher ihr eigenes Verhalten beschrieb als das der SPD. Meine Mutter erzählte gelegentlich, dass sie nie wusste, ob es Nazis oder Kommunisten waren, die meine Eltern vor ihrem Haus in einer der städtischen Wohnsiedlungen Hamburgs anrempelten und mehr als einmal Steine in das Wohnzimmerfenster warfen.

Mein Vater war 28, als ich geboren wurde. Nicht dass das für ihn so wichtig war wie später für mich; sein «bestimmtes Alter» lag eher in den Mittvierzigern, deren Züge er früh schon trug. Mit 28 fand er sich auf einer trotz widriger Anfänge geradlinigen Bahn nach oben. Nach dem Abgang von der Volksschule 1915 hatte er als kaufmännischer Lehrling bei einer Firma im Papiergrosshandel begonnen. Als er seine Lehre beendete, prägten die Wirrnisse des Kriegsendes 1918–19 das Hamburger Geschehen. Eines Tages entdeckte der Chef den jungen Mann, wie er auf dem Rathausmarkt von einer Apfelsinenkiste vor einer eher zufälligen Ansammlung Reden hielt über die Untaten des Kaisers und die Notwendigkeit des Sozialismus jetzt. Der Chef war nicht gerade angetan von dem, was er sah und hörte. Mein Vater wurde entlassen und fand sich bald am Beginn einer ganz anderen, nämlich politischen Karriere als Sozialdemokrat.

Die Partei stellte ihn auf strenge Prüfungen; der Neunzehnjährige wurde nach Oberschlesien geschickt, um dort Bergleute in einer schlagkräftigen Gewerkschaft zu organisieren. Er muss seine Pflichten zur Zufriedenheit seiner Oberen erfüllt haben, denn fortan ging es mit ihm aufwärts. Von seinem Vater hatte er eine geschickte Feder geerbt, die er nun zu einem formidablen Schreibinstrument spitzte. Die Poesie, an der er sich versuchte, trug die Zeichen der expressiven Zeit. Ein paar Zeilen sind mir im Gedächtnis geblieben:

> Meine Seele schreit in die Wälder,
> mein Hirn stampft rammaschinengleich,

die Hand rast scheinbar freudig fröhnend
wortentäussernd über das Papier -----
Keiner enteinsamt die Wälder,
keine zerqualstert die Fron ----
Eine Horde entspringt dieser Jauche!
Wir! ist ihr einziger Brüll!
O, schwangerer Bauch der Welt,
behymnet sei Dein Gejunge!

Zumeist indes diente die Feder prosaischeren Zwecken. Als Reporter für die Parteizeitung *Hamburger Echo* musste Vater zuerst über Gerichtsverhandlungen, dann über die Debatten des Stadtparlaments, der in guter demokratischer Tradition so genannten Bürgerschaft, berichten. In jener Zeit gab es keine hilfreichen Tonbandgeräte, und Politiker hatten es sich noch nicht angewöhnt, der Presse vorbereitete Texte zuzuspielen und diese möglichst auch gleich in ihrem Sinne zu interpretieren. Schrittweise stieg er in der Hierarchie der Zeitung auf, bis er den Titel Redakteur erhielt. Er war verantwortlich für die Lokalpolitik, doch gelegentlich sandte die Zeitung ihn auch zu entfernteren Zielen, so zum Beispiel im Jahr 1931 auf einem Hamburger Passagierschiff nach New York. Das aktive Parteimitglied wurde bald schon Kandidat für die Bürgerschaft und nach seiner Wahl 1927 ein engagierter Abgeordneter des Stadtparlaments.

Meine Eltern hatten sich 1925 in Plön in jener Seengegend nördlich von Hamburg getroffen, die den schönen Namen Holsteinische Schweiz trägt. Lina Witt war damals Sekretärin in der Zentrale des Stinnes-Imperiums. Sie erzählte zuweilen, wie sie während der Inflation von 1923 mit ihrem Wochengehalt zu den nächsten Einkaufsläden gelaufen war, um die Millionen Mark auszugeben, die innerhalb von Stunden noch mehr an Wert verlieren würden. Derlei Familiengeschichten haben deutschen Regierungen für lange Zeit dabei geholfen, auch bei schmerzhaften Massnahmen zur Inflationsbekämpfung die Wählergunst nicht zu verlieren. Ein Traum der Dreiundzwanzigjährigen war es, eine Ferienreise nach England zu unternehmen. Sie hatte ihr Volksschulenglisch – ja, das gab es in Hamburg, und Französisch noch dazu! – aufpoliert und war neugierig auf das Land, das ihre Phantasie beflügelte. Sie kaufte sich einen neuen Photoapparat, aber schnitt sich an der scharfen Kante des Schulterriemens den Finger, was durch die Lederfarbe zu einer Blutvergiftung und beinahe zur Amputation des Fingers führte. So musste die Reise abgesagt werden, und es sollte drei Jahrzehnte dauern, bis sie ihren Traum verwirklichen konnte, als ich sie nämlich einlud, mich in London zu besuchen. 1925 ging sie nach ihrer Genesung missmutig nach Plön statt nach England und traf dort meinen Vater. In Hamburg sahen die beiden sich regelmässig, verlobten sich im folgenden Jahr und heirateten im März 1927.

Die Ehe meiner Eltern war mehr ein Fall von Gegensätzen, die sich anziehen, als einer von gleich und gleich, das sich gerne gesellt. Das war nicht nur eine Folge der wilden Strähne der Dahrendorfs und der Ehrbarkeit der Witts. Vater war extravertiert, gesellig, einladend, während meine Mutter eher nachdenklich war, gerne mit sich selbst allein, zuweilen ein bisschen abweisend. Eine Generation später hätte meine Mutter natürlich ihren Beruf behalten; aber mein Vater wollte eine Frau und bald Mutter zu Hause, und meine Mutter hätte nicht im Traum daran gedacht, etwas zu tun, was sich nicht gehört. In den Jahren nach ihrer Heirat und dann meiner Geburt geriet mein Vater immer tiefer in den Strudel der Politik; ohnehin war er eine öffentliche Figur in Hamburg. Meine Mutter andererseits konnte sich nie recht mit der Politik anfreunden. Sie hätte es lieber gesehen, wenn ihr Mann – und später ihre Söhne – das Scheinwerferlicht gemieden und ein eher privates Leben geführt hätten. Dies zumindest war der Eindruck, den sie uns vermittelte. Doch sollte es nicht sein, wie der 1. Mai 1929 sinnfällig zeigte.

4 *Im Herrenzimmer*

Meine erste lebhafte Erinnerung ist die lange Reise in der Fahrerkabine eines, wie mir schien, riesigen Möbelwagens. Es war aufregend, die Landstrasse und all die fremden Städte, Wittenberge, Ludwigslust, Nauen, aus der Perspektive des Chauffeurs am Lenkrad zu sehen. Die Reise ging von Hamburg nach Berlin. Sie endete in einer baumbestandenen Allee, wo unser Sack und Pack in eine Erdgeschosswohnung getragen wurde, von der eine Flügeltür in den Garten führte. Es war ein Anfang, ein völliger Neubeginn, der allerdings für meine Eltern von durchaus anderen Empfindungen begleitet wurde als für mich, den Vierjährigen. Der Umzug fand kurz vor Weihnachten 1933 statt.

Am 6. November 1932 wurde mein Vater als Hamburger Abgeordneter in den Reichstag gewählt. Das bedeutete, dass er nun viel Zeit in Berlin zubrachte, vor allem aber Tag und Nacht den vergeblichen Kampf um das Überleben der Demokratie kämpfte. Das Parlament war ein Spiegelbild der Bedrohungen. Sein Präsident, Hermann Göring, in voller Phantasieuniform im Reichstagshandbuch abgebildet, vertrat die stärkste Fraktion, die Nationalsozialisten, die nun 196 der 584 Mitglieder stellten. Die Kommunisten hatten 100, so dass es eine anti-demokratische Mehrheit gab selbst ohne die 52 Deutschnationalen und diverse kleinere Gruppen von zweifelhafter Verfassungstreue. Die 121 Sozialdemokraten konnten die Dinge nicht mehr zusammenhalten, nicht einmal mit Hilfe der 70 Mitglieder des katholischen Zentrums und einer Handvoll anderer Demokraten. Weniger als drei

Monate nach der Wahl beauftragte der Reichspräsident Feldmarschall Otto von Hindenburg Adolf Hitler, die Regierung zu bilden. Der Nazi-Führer ergriff die Chance und liess nicht mehr los, bevor Deutschland in Trümmern lag und viele Millionen ihr Leben verloren hatten.

Im März 1933 gab es bekanntlich noch eine letzte Reichstagswahl. Die Kommunisten konnten ihre Sitze schon nicht mehr einnehmen. Für die anderen verlor die Wahl alle Reste von demokratischem Sinn, nachdem am 23. März das Ermächtigungsgesetz durchgepeitscht war, das Hitler uneingeschränkte und unkontrollierte Macht gab. Die Sozialdemokraten stimmten gegen das Gesetz. Uniformierte SA-Leute nahmen Besitz vom Plenarsaal des Reichstags; oppositionelle Abgeordnete wurden verhaftet. Manche Freunde meines Vaters kamen nie mehr frei aus der Haft zuerst im Polizeigewahrsam und dann im Konzentrationslager, einer der frühen Erfindungen der Nazis. Mein Vater wurde in Hamburg zusammen mit anderen Sozialdemokraten verhaftet, aber nach wenigen Wochen entlassen.

Entlassen wohin? Für kurze Zeit erwogen die Eltern, ins Exil zu gehen, vielleicht nach Prag, wo der Parteivorstand der SPD sich vorübergehend niedergelassen hatte, oder aber nach England. Doch verwarfen sie solche Pläne. Mein Vater hatte nichts Grenzüberschreitendes gelernt, konnte nur einige Brocken englisch, und ausserdem meinten im Sommer 1933 noch viele, die Naziherrschaft sei ein Spuk, der nicht dauern könne. Solange sie dauerte, gab es allerdings in Hamburg keine Zukunft. Mein Vater hätte dort schwerlich Arbeit gefunden und wäre wegen seiner stadtbekannten politischen Vergangenheit ständig bedroht und möglicherweise bald wieder verhaftet worden. Also Berlin. Dort war er einer breiteren Öffentlichkeit unbekannt; ohnehin war Berlin die deutsche Stadt, die eine gewisse Anonymität erlaubte. Später, während des Krieges, hiess es, dass Berlin der einzige Ort sei, wo man Kohlen geliefert bekommen konnte, ohne dass die

Nachbarn das der Partei oder den Behörden melden würden. Die andere Seite des Unbekanntseins ist indes, dass man selbst auch niemanden kennt.

Glücklicherweise war das nicht ganz so. Mein Vater fand bald eine Stellung, die es in der Tat mit Kohlen zu tun hatte. Er begann als Angestellter im Kohlengrosshandel in einer Firma, an deren Endlosnamen ich mich noch erinnere: Märkische Brikett- und Kohlen-Verkaufs GmbH, kurz «Märkische» genannt (nach der Mark Brandenburg). Die Firma war Teil des Petschek-, später des Flick-Konzerns, in dem eine Reihe von prominenten Persönlichkeiten der Weimarer Republik Unterschlupf fand. Sie begannen zwar zumeist in einer einfachen und schlecht bezahlten Stellung, aber doch mit einem Fuss auf der Leiter. Mein Vater stieg langsam, aber stetig vom Büroangestellten auf zum Besitzer eines eigenen Büros und bei Kriegsbeginn zu einer hinlänglich wichtigen Stellung, um für die Firma im ganzen Land herumzureisen. Das erwies sich als überaus nützlich, als der Widerstand organisierte Formen annahm und erste Erwägungen zu einem Anschlag auf Hitler aufkamen. Vater wurde zum Verbindungsmann zwischen Widerständlern in Berlin und Sachsen, Bayern und Hamburg. Die Stellung bedeutete sogar, dass er nicht zum Militär eingezogen wurde, als die Wehrpflicht 1942 auch Vierzigjährige erreichte. Zunächst aber bedeutete sie, dass wir genug zum Leben hatten. Wir hungerten nicht und froren schon gar nicht, und während wir von einem Auto oder von Ferien im Ausland nur träumen konnten, fehlte es uns nie am Lebensnotwendigen.

Das galt auch für die anderen, die nicht-materiellen Bedürfnisse. Die Wohnung mit der Gartentür erwies sich als vorläufig, so dass erneut ein Möbelwagen herbeimusste, der uns allerdings nur um zwei Ecken zum Crampasplatz im Berliner Stadtbezirk Schmargendorf brachte. Im Mai 1934 wurde mein Bruder Frank geboren. Wie ich bekam er einen Vornamen, der – so wollte es meine Mutter – in England und Deutschland gleichermassen gängig ist. Wir teilten ein Zimmer, das von dem langen Korridor abging, der in alten Berliner Häusern den vornehmen vom praktischen Teil der Wohnung trennte.

Irgendwann in seiner Karriere wohnte Frank eine Zeitlang wieder in Schmargendorf, wo wir zuweilen in den Strassen unserer Kindheit herumspazierten und sie zugleich vertraut und eng fanden. Der Crampasplatz schien auf einmal geradezu winzig. Rings um das ovale Rasenstück in seiner Mitte hatte ich als Zwölfjähriger versucht, für den erträumten Olympia-Sieg über 1500 Meter zu trainieren. (Frank zog Mannschaftssport vor, insbesondere Feldhockey, das er bis an den Rand der Professionalität betrieb, während ich mich auf Einzelkonkurrenzen kaprizierte.) Zum Geburtstag hatte ich eine Stoppuhr bekommen, die ich natürlich bei meinen Runden um den Platz ausprobierte. Bei den sorgsam abgemessenen 1500 Metern erreichte ich gute Zeiten. Tatsächlich kam ich dem olympischen Rekord erstaunlich nahe, bis mir klar wurde, dass das nicht an meinem Lauftalent, sondern an der eher billigen Uhr lag. Die Auf- und Abbewegungen meiner Hand beim Laufen bewirkten, dass der Zeiger der Stoppuhr bei jedem Richtungswechsel meines Armes fast stehen blieb. Auch sonst verbinden sich mit dem Crampasplatz durchaus freundliche Erinnerungen, an den gemeinsamen Schulweg mit Kameraden, allerlei Spiele und Streiche und sogar die langen schullosen Wochen mit den damals noch üblichen Krankheiten, Windpocken, Masern, Scharlach.

War die Wohnung im vierten Stock des Mietshauses am Crampasplatz wirklich so gross wie ich sie in Erinnerung habe? Jedenfalls war der vornehme Teil, wie ich ihn genannt habe, für mich weit weg. Das Esszimmer mit der Balkontür diente nur manchmal auch für die Kinder zum Essen. Das Herrenzimmer daneben blieb zwar nicht mehr den Herren vorbehalten, aber war auch kein Familien-Wohnzimmer. Es hatte etwas Würdiges und sehr Erwachsenes. Der Bücherschrank aus schwerer Eiche verbarg seinen Inhalt teils hinter Türen und teils hinter Glas. Die Bücher stammten zumeist aus den regelmässigen Lieferungen eines Bücherbundes, der einer der bemerkenswerten Bestandteile der Arbeiterbewegung gewesen war. Manchmal holte mein Vater mich ins Herrenzimmer zum Spielen, vor allem als ich alt genug war, um den «Kutscherskat» meiner Eltern als dritter «Mann» in einen echten Skat zu verwandeln. In der Regel aber gehörte das Herrenzimmer meinen Eltern und ihren Freunden.

Auch sie spielten manchmal Karten, aber so weit ich das als Kind mitbekam, wurde das Vergnügen bald durch ernste Gespräche abgelöst. Worum es dabei ging, ahnte ich nicht, wenngleich es im Nachhinein nicht schwer zu erraten ist. Die meisten Freunde waren wie mein Vater vor der Nazizeit sozialdemokratische Politiker gewesen. Ludwig Schwamb war ein häufiger Gast, zusammen mit seiner rundlich-fröhlichen Frau, die uns Kindern immer etwas Süsses mitbrachte. Schwamb war Staatsrat in Hessen gewesen; er wurde in einem der späten Prozesse vor dem Volksgerichtshof zum Tode verurteilt und am 23. Januar 1945 hingerichtet. Vor allem aber kamen häufig «die Lebers». Der kraftvolle, mal mürrische, mal herzliche Julius Leber mit seinem markanten elsässischen Bauernschädel brachte seine charmante, schöne Ehefrau Annedore mit. Leber hatte das, was heute allzu häufig Charisma genannt wird, eine Ausstrahlung, die auch Kindern in seinem Umfeld nicht entging.

Die Leber-Kinder Katharina («Kathrinchen») und Matthias («Matthieu») waren zuerst Spielkameraden, vor allem in den Sommerferien, die wir mehrfach gemeinsam an der Ostsee verbrachten. Später wurde Kathrinchen meine erste grosse Flamme; aber sie wusste schon, wie man mit solchen bengalischen Feuern umgeht. Ich habe noch das Photo von ihr, auf das sie mir mit einem Lippenstift geschrieben hatte «Je t'aimerai toujours, toujours, toujours», womit sie sagen wollte, dass das alles nicht so ernst zu nehmen ist. Matthias hatte den Kopf seines Vaters und darin zu viele Widersprüche. Als Student in Edinburgh nahm er sich nach dem Krieg das Leben.

Was sonst unter den Erwachsenen im Herrenzimmer gesagt und getan wurde, war mir damals natürlich nicht klar. Es ist die Rede von den Jahren vor und nach dem Kriegsausbruch 1939 und von Dingen, über die auf den folgenden Seiten noch mehr zu sagen sein wird. Ausser den Lebers und den Schwambs kamen manchmal auch Theodor Haubach und Adolf Reichwein und (bis zu seinem vorzeitigen Tod bei einem Luftangriff) Carlo Mierendorff. Sie waren alle Sozialdemokraten, die nun die Politik mit möglichst unauffälligen Tätigkeiten in der Wirtschaft, nicht selten im Kohlenhandel, vertauscht hatten. Sie waren im Land und in relativer Freiheit geblieben, während etwa Kurt Schumacher, der erste Vorsitzende der westdeutschen SPD nach 1945, aus dem Konzentrationslager nie freikam und Erich Ollenhauer, der zweite Nachkriegs-Vorsitzende, über Prag nach London emigriert war. Das Thema der Gespräche im Herrenzimmer am Crampasplatz war ohne Zweifel, wie man Hitler und sein Regime beseitigen könnte und was danach zu tun sei. Das mutige und tragische Ende solcher Pläne kennen wir heute. Julius Lebers Verhaftung Anfang Juli 1944 veranlasste den Grafen Stauffenberg, das Attentat auf Hitler früher als geplant, nämlich am 20. Juli, auszuführen. Nach dem Scheitern wurde mein Vater mit all seinen Freunden verhaftet. Am 20. Oktober 1944 stand er mit Julius Leber, Adolf Reichwein und Hermann Maass vor dem berüchtigten «Volksgerichtshof» des Blutrichters Freisler.

Das alles war, wie gesagt, weit weg von den täglichen Erfahrungen des kleinen Jungen. Es war damals kaum weniger weit weg von den Erfahrungen meiner Eltern und ihrer Freunde. In jener Zeit gab es nicht nur ernste Gespräche sondern auch viel Lachen und manchen gemeinsamen Ausflug. Berlin fand sich ja in einem merkwürdigen *drôle de paix*, einem Scheinfrieden in den Jahren nach den ersten Exzessen von 1933–34 und bis zur «Reichskristallnacht» 1938. Ein Schatten lag dennoch über dieser geborgten Zeit vor dem absehbaren Drama und damit auch über meiner Kindheit.

5 *Zwei Gruppenbilder, mit Hakenkreuzen*

Als ich 1935 knapp sechsjährig eingeschult wurde, waren wir schon dreimal umgezogen, einmal in Hamburg, einmal nach Berlin, einmal in Berlin. Bis heute sollten daraus zweiunddreissig Umzüge werden. Irgendwie aber habe ich durch all diese bewegten Zeiten ein paar Memorabilien behalten, darunter zwei Klassenphotos, das eine aus dem Jahr 1935–36, das andere von 1938–39. Auf dem ersten, von der Volksschulklasse in Berlin-Schmargendorf, sind vor allem die Hosenträger auffällig, mit denen die meisten Klassenkameraden ihre Lederhosen befestigten, wobei ich nicht nur ohne Hosenträger auskomme, sondern als einziger einen Schlips trage, sogar mit einer Krawattennadel. Die Förmlichkeit ist bis heute mein Stil geblieben; sie macht es so viel leichter, die innere Aufsässigkeit zu verbergen. Das zweite Photo, von meiner Klasse am Mommsen-Gymnasium, zeigt uns in der grün-weissen Turnkleidung der Schule. Mein freundliches Lächeln kann weder von der strammen Haltung mancher Kameraden noch von den Hakenkreuz-dekorierten Turnhemden von zwei Mitschülern ablenken. Auch die jeweiligen Lehrer verdienen Beachtung, Herr Kohlmey in der Volksschule, sichtbar jugend- und vielleicht arbeiterjugendbewegt, und Dr. Möller im Gymnasium, der altgebildete, altliberale Griechisch- und Lateinlehrer.

Es war eine verwirrende Zeit. Grüssten wir schon mit «Heil Hitler!» zu Beginn jeder Stunde, als ich 1935 in die Schule kam? Ich glaube, ja; aber vieles war noch wie frühere Generationen es kannten. Peter Gay hat in seinen Erinnerungen an das «Aufwachsen in Nazi-Berlin» meisterhaft die «gemischten Signale» von alt und neu beschrieben. Auch er empfand die Zweideutigkeiten, obwohl er sechs Jahre älter als ich war und Jude.

Die Volksschule hiess vor allem, lernen. Das fiel mir leicht, möglicherweise zu leicht. Mein Zeugnis am Ende des ersten Jahres bestand aus zwei Sätzen: «Ralf ist in seinen Leistungen hervorragend. Auf seine Entwicklung darf man gespannt sein.» Damals mochte ich diese Sätze; heute bin ich nicht mehr so sicher. Die Verbindung simpler Errungenschaften mit grossen Möglichkeiten ist allenfalls erträglich, bevor man achtundzwanzig ist, aber nicht danach.

Trotz der Erwähnung von «Sozialismus» und «Arbeitern» war die Nationalsozialistische Deutsche Arbeiterpartei von Anfang an auf ihre Weise elitär. Wer für höhere Aufgaben ausersehen war, konnte schon nach drei Jahren statt der üblichen vier ins Gymnasium übergehen. 1938 gehörte ich zu den für die Überholspur Ausgesuchten. Dieses eine Mal hatten meine Eltern nichts gegen eine Massnahme des Regimes. Allerdings wollten sie sicher sein, dass ich auf die richtige Schule käme. Dabei mussten sie sich auf Hörensagen und den Rat der Freunde verlassen. Das Mommsen-Gymnasium, so erfuhren sie, hatte den Ruf, eine «Judenschule» zu sein – gewesen zu sein – und schien ihnen daher der geeignete Ort. Nur hatte es den Nachteil, eine Stunde weit weg zu sein von unserer Wohnung, einschliesslich des langen Fussweges zum und vom S-Bahnhof Schmargendorf. Meine Eltern hatten mir für die Aufnahmeprüfung neue Schuhe gekauft. Beim Turnen musste ich diese ausziehen, und nachher kam ich mit dem rechten Fuss nicht wieder hinein in den ungewohnten Schuh. Die Erinnerung an den Weg vom Bahnhof nach Hause mit meinem Fuss halb im Schuh und halb auf dem harten Lederhacken tut noch heute weh. Das war natürlich ein überflüssiges Leiden, aber ich war acht Jahre alt und entschlossen, niemanden um Hilfe zu bitten. Am Mommsen-Gymnasium begann ich als Sextaner vor meinem neunten Geburtstag, entschieden das «Klassenbaby», also der jüngste in der Klasse, was ich auch blieb bis hin zur Ernennung als ordentlicher Professor an meinem 29. Geburtstag.

Der Blick auf das Klassenphoto bringt allerlei Gedächtnisfetzen und besorgte Fragen wieder hervor. Wie viele meiner damaligen Klassenkameraden wohl überlebt haben? Und wer ist im Krieg umgekommen, wer in den Gaskammern? Die Vielfalt der Haltungen fällt auf, manche leger und lustig, manche verkrampft und mit den Händen an der Hosennaht. Vielleicht war das immer schon so, aber man meint den Übergang zu spüren zu einer herberen Welt. Zwei Jahre später sollten fast alle das Hakenkreuz auf ihren Turnhemden tragen, ich auch. Dr. Möller im Hintergrund, mit hohem Kragen und glatt gescheiteltem Haar vertrat eine charakteristische Mischung von Ordnung und Bildung. Wir erlebten gerade noch die letzten Überreste des deutschen humanistischen Gymnasiums.

Im Laufe des Jahres 1938 wurde indes die wachsende Spannung für uns greifbar. Das Mommsen-Gymnasium hatte, wie gesagt, den Ruf einer «Judenschule», und noch gab es eine Reihe von jüdischen Mitschülern. Das war in Berlin durchaus normal. Wenn wir eine Kategorie eher merkwürdig und sogar ein bisschen verdächtig fanden, dann waren es die Katholiken mit ihrem römischen Glauben. Alle anderen waren entweder Lutheraner oder Juden, oder wie ich, gar nichts.

Das ist ein Ausdruck, der der Erklärung bedarf, bevor ich zu den Spannungen der Zeit zurückkehre. Als überzeugter Sozialdemokrat hatte mein Vater die lutherische Kirche verlassen und auch meine Mutter dazu überredet. In der Weimarer Zeit beschrieb er sich als «Dissident», wenn auf Formularen die Religionszugehörigkeit angegeben werden musste. Als ich geboren wurde, beschlossen meine Eltern, mich nicht kirchlich taufen zu lassen. Das Argument, dass die Kinder sich selbst entscheiden sollen, wenn sie erwachsen sind, hat einen guten aufklärerischen

Klang. Tatsächlich ist Religion indes mehr als eine Option; sie ist (wie ich es später nennen sollte) eine Ligatur, die man nicht einfach wählt oder abwählt, so dass die Nichtentscheidung selbst eine nachhaltige Entscheidung ist. Wie dem auch sei, die Nazis fanden naturgemäss nicht viel Gefallen an dem Ausdruck «Dissident» und führten daher einen ganz anderen Begriff an seiner Stelle ein. Wer keiner Konfession angehörte, war nunmehr «gottgläubig». Das bin ich in einer durchaus persönlichen Weise auch geblieben, allerdings mit unüberwindlichen Problemen, wenn es um den Glauben an einen gottähnlichen Vermittler zwischen dem höchsten Wesen und uns Sterblichen geht.

In Berlin im Jahr 1938 war es indes nicht die Religionszugehörigkeit, die das Schicksal von Menschen bestimmte, sondern etwas, das Rasse genannt wurde, ein angeblicher genetischer Defekt, an dem Menschen entweder ganz oder zur Hälfte («Halbjude») oder zu einem Viertel litten, wenn es unter ihren Grosseltern einen Juden oder gar mehrere gab. Mein Banknachbar Münzel-Meissner war nur einer, der im Herbst 1938 verschwand. Peter Gay beschreibt das Geschick eines jungen Deutschen, der zunehmend daran erinnert wird, dass er auch und am Ende nur noch ein Jude ist. «Überlebensstrategien» hielten ihn eine Zeitlang aufrecht, Briefmarkensammeln, Sport. Dann, nach der «Kristallnacht», wurde ihm klar, dass es keine Zukunft gab. Während die Schule ihn nicht anders behandelte als zuvor, wusste er doch, dass er eher früher als später das Land verlassen musste. Die Gays – damals noch die Fröhlichs – warteten bis zur letzten Minute und hatten noch Glück, ein Einreisevisum für Kuba zu bekommen.

Hier wird eine andere Geschichte erzählt. Für die Dahrendorfs baute sich die grosse Spannung erst später auf, als es keine Flucht mehr gab und auch nicht die jüdische Identität, die für viele den Tod und für alle Leiden bedeutete, aber klare Grenzen zog. So konnte Peter Fröhlich-Gay nach dem Krieg mit einem fast unbezähmbaren Hass nach Berlin zurückkehren, während Ralf Dahrendorf trotz allem die Verantwortung, auch die Schuld aller Deutschen teilte. Mein Freund Fritz Stern, der seine «fünf Deutschlands» als persönliches Geschichtspanorama schildert – und übrigens nach dem Krieg ohne Hass nach Deutschland zurückgekehrt ist – erlebt 1938 einen Bruch. Zwar bleibt die deutsche Frage bestimmend für ihn, auch nachdem er das Land verlassen hat, aber sie ist nun gebrochen durch die Perspektive zuerst des Emigranten, dann des Amerikaners. In meiner Jugend dagegen geht die Geschichte weiter, jetzt ohne die jüdischen Mitschüler. Die Verstrickungen werden tiefer, auch wenn in meinem Umfeld die Haltung zum Nazi-Regime, seinem Krieg und seinem Morden eindeutig blieb und ich selbst allmählich diese Haltung zuerst erfuhr und dann übernahm.

6 *Norwegen, oder das wissende Nichtwissen*

Ellen, meine Frau, die nicht nur New Yorkerin, sondern New Yorker Jüdin ist (letzteres mit einem gehörigen Schuss Dissidententum), fragt mich immernoch und immer wieder: Was habt ihr denn gewusst? Was genau, und wann? So habe ich nachgegraben in meinen Erinnerungen, ohne ihr doch eine hinlänglich klare Antwort geben zu können. Dass es Konzentrationslager gab, in denen Schreckliches geschah, wussten meine Eltern früh. Wenn einer sagte, «Tue das nicht, sonst landest du im KZ», war das fast schon eine Todesdrohung. Dass Juden keinen Platz mehr hatten in Hitlers Deutschland, war für jedermann sichtbar. Mein Vater hatte manchen seiner Bekannten zuerst zur Auswanderung geraten und dann dabei geholfen. Aber der Massenmord? Der Holocaust? Es ist nicht leicht, wirklich Erinnertes und seitdem Gehörtes und Gelesenes auseinanderzuhalten, so dass die folgende Geschichte nicht mehr tun kann, als die Verquickungen von Wissen und Nichtwissen ins Gedächtnis zu rufen, die jedenfalls meine Kindheit und vielleicht das Leben mancher in Deutschland kennzeichneten.

Ich war bei Kriegsausbruch 1939 zehn Jahre alt, ein bisschen frühreif vielleicht, aber doch ein Kind. Alltägliche und nicht so alltägliche Entdeckungen ergaben noch keine klaren Konturen. Meine Eltern versuchten, mich aus ihren politischen Dingen herauszuhalten, nicht nur meinetwegen, sondern um sich selbst zu schützen. Vielleicht sahen sie es sogar ganz gern, dass ich, wie alle anderen Zehnjährigen, 1939 ins Jungvolk eingezogen wurde und nun gelegentlich mit einem Braunhemd herumlief. Meine

Uniform war sozusagen ihr Tarnanzug. Bis zu einem gewissen Grade, muss ich gleich hinzufügen, nicht nur weil die Nazis sich so leicht nicht täuschen liessen. Als ich am 9. April 1940 aus der Schule kam und triumphierend verkündete, «unsere» Streitkräfte seien in Dänemark und Norwegen einmarschiert, traf ich auf kühles Schweigen. Es entging mir nicht, dass den Eltern nach allem anderen als Triumph zumute war. «Norwegen» wurde an diesem Tag zu einer Wendemarke meines Zeitverstehens.

Etwas Ähnliches war indes schon einmal geschehen, im März 1939. Wir Kinder rannten aufgeregt zum nahen Platz am Wilden Eber, wo eine Kompanie von Soldaten auf schweren Motorrädern, teils mit Beiwagen, Halt machte. Sie waren auf dem Weg in die Tschechoslowakei. Ein paar Wochen (oder nur Tage?) später waren sie wieder da, staubiger und siegestrunken. Aus der Tschechoslowakei war teils ein Protektorat, teils ein Satellitenstaat geworden. Einer der Soldaten gab mir einen Hakenkreuzwimpel, der, wie er sagte, «alles mitgemacht» hatte. Stolz brachte ich ihn nach Hause, wo meine Mutter nur trocken bemerkte, ich täte besser daran, mich an meine Schularbeiten zu machen.

In der Schule war von Normalität bald nicht mehr viel zu sehen. Anfangs störte uns das Verschwinden der jüngeren Lehrer nicht; sie waren zwar keine Nazis, aber ihr Befehlston («Auf die Tische! Unter die Tische!») behagte uns wenig. Doch die Rückkehr pensionierter älterer Lehrer signalisierte das Ende jeder Verlässlichkeit. Nach 1940 habe ich kein reguläres Schuljahr mehr erlebt. Im Sommer 1940 wurden wir zur «Erntehilfe» nach Schlesien geschickt. Das war ein Euphemismus; tatsächlich wurden auf diese Weise die Stadtkinder durchgefüttert, ohne dass sie für die Bauern irgendeinen Nutzen hatten. Im Spätherbst des Jahres verdichteten sich die Gerüchte, dass unsere Schule als eine der ersten aus Berlin evakuiert werden würde in etwas, das in der Bürokratensprache des Regimes den langen Namen «Kinderlandverschickungslager» (KLV) trug.

In unserem Fall war das «Lager» ein für uns requiriertes, grosszügiges Sanatorium, und das «Land» war das besetzte Polen, das «Generalgouvernement». Der Vater von einem der Jungen in unserer Schule, der damals in Krakau stationierte SS-Obergruppenführer Krüger, der dort Macht über Leben und Tod ausübte, hatte alles arrangiert. In der Tat unterbrachen wir die lange Eisenbahnfahrt in Krakau, wo wir mit Militärmusik empfangen und auf die Burg geführt wurden. Alle sprachen von unserem glücklichen Geschick. Ich kann noch immer nicht an das nächste Jahr denken ohne ein Empfinden der Schuld und der Scham. Es war eine schlimme Zeit, in der unsere Welt aus den Fugen geriet.

Schuld und Scham ergaben sich zuerst aus unserer Stellung als Besatzer eines stolzen Landes. In den frühen Wochen in Zakopane sparten wir unser Taschengeld, um die feinen Holzschnitzereien der Gebirgsbewohner, der Goralen zu kaufen. Es dauerte indes nicht lange, bis einige der Jungen begannen, in die Geschäfte am Ort zu gehen und sich dort einfach zu nehmen, was ihnen gefiel. Für die Einheimischen wurden wir eine Pest. Strafen für das, was Polen angetan wurde, gab es nicht. So suchten unsere Lehrer einen anderen Weg, um die Diebstähle abzustellen. Sie benutzten ein, zwei Fälle von Scharlach (wenn es denn überhaupt solche Fälle gab), um eine Quarantäne zu verhängen, die, wenn ich mich recht erinnere, bis zum Ende unseres Aufenthalts im Sanatorium dauerte. Sie bedeutete, dass wir ohne Aufsicht nicht mehr in den Ort gehen durften.

Die Lehrer taten auch sonst manches, um uns vor Missetaten zu bewahren, allerdings mit begrenztem Erfolg. Wir lernten Skilaufen am Hang des Giewont, was Spass machte. Wir hatten angeblich normalen Unterricht, aber die reaktivierten Pensionäre verrieten wenig pädagogischen Eros, und wir waren ein flegelhaftes Pack. Es tut fast weh, die Kindereien zu erzählen, und ich würde sie mir und anderen auch ersparen, wenn sie nicht alle an die Grenze des Läppischen zum Gefährlichen, also an die in einer zunehmend totalitären Umwelt allgegenwärtige Risikogrenze führten.

Mal warfen wir Blumentöpfe von den Balkonen, dann gab es regelrechte Schlachten zwischen Schlafsälen. Den Hitlerjugendführern – selbst sechzehn-, siebzehnjährige Jungen –, die uns disziplinieren sollten, fiel wenig anderes ein, als uns ohne Sinn und Ziel herummarschieren und dabei martialische Lieder singen zu lassen. Im Frühsommer 1941 kam ich in ernsthafte Schwierigkeiten. Ich hatte eine Mandelentzündung und war daher in der Krankenstation, als der Führer, Adolf Hitler, eine seiner Reden an Volk und Nation hielt. Wir sollten alle aufmerksam der Rundfunkübertragung zuhören, aber ein Freund und ich nutzten die Zeit, um unter grossem Getöse ein Rennen mit Essenswagen zu veranstalten. Das trug mir einen schweren Verweis ein. Dann ritt mich der Teufel, und ich beleidigte den Vater eines anderen Jungen, einen Oberförster, indem ich ihn Oberfurzer nannte. Als der Vater davon hörte, verlangte er beinahe Satisfaktion auf die alte militärische Art.

Es kam nicht zum Duell, aber meine Eltern hatten genug gehört, um dem langen Ausflug ein Ende zu setzen. Es gelang ihnen, mich nach Berlin zurückzuholen. Dort kam ich in Tränen an, denn ich wollte nicht weg von meinen Schulkameraden. Zu allem Überfluss hatte ich vernommen, dass wir umgezogen waren, weg vom Crampasplatz in ein Reihenhaus in jenem Teil Zehlendorfs, der den Namen Onkel Toms Hütte trägt. Die Tränen vergingen rasch, als ich das Haus sah, in dem ich ein eigenes Zimmer hatte, wo ich ungestört Karl Mays Indianergeschichten lesen, meine Sammlung von «Flaksplittern», auf dem Schulweg gesammelte Metallreste von Granaten der Fliegerabwehr, ausbreiten oder mein Tagebuch schreiben konnte.

Beim Erkundungsgang durch das neue Haus fand ich im Keller eine Kiste mit allerlei Erinnerungsstücken meiner Eltern, meist Akten und Bücher. Darunter waren zwei Handbücher des Deutschen Reichstages, die von 1932 und 1933. Ich blätterte in ihnen und fand nicht nur die Namen von Hitler und Göring, Himmler und Goebbels, sondern auch den meines Vaters. Überdies erschien dieser nicht unter der einzigen Partei, die mir geläufig war, der NSDAP, sondern unter SPD, der Sozialdemokratischen Partei Deutschlands. Ich hatte keine Ahnung, was «sozialdemokratisch» bedeutet, wusste aber, dass ich ein dunkles Geheimnis entdeckt hatte. Sprachen wir damals beim Abendbrot über den Fund? Zuweilen wurden in der Schule Geschichten erzählt von Kindern, die ihre Eltern «bei der Partei» denunziert hatten. Das würde mir nicht passieren.

Die zwei Jahre nach meiner Rückkehr lassen sich kaum anders als eine Zeit der Wirrnis beschreiben. Das Mommsen-Gymnasium war nun geschlossen, seine Gebäude und Sportanlagen vom Militär requiriert. Die verbleibenden Jungen und Lehrer teilten sich den Raum mit einer anderen Schule in Charlottenburg. Eine Woche fand der Unterricht vormittags statt, die nächste Woche nachmittags. Kaum ein Fach wurde noch systematisch unterrichtet. In den Wochen des Nachmittagsunterrichts mussten wir abends und nachts zum Zweck der Luftschutzwache in der Schule bleiben. Uns wurde beigebracht, wie man Brandbomben greift und umgehend aus dem Fenster wirft. Glücklicherweise fand derlei theoretisches Wissen keine praktische Anwendung. Für unsere Dienste gab man uns eigentümlich schmeckende Zuckerstangen, von denen die etwas älteren Jungen behaupteten, sie seien speziell präpariert worden, um unseren erwachenden sexuellen Appetit zu zügeln.

In Onkel Toms Hütte, am Rand des Grunewalds, veranstalteten wir, das heisst die Jungen der Nachbarschaft, Indianerspiele und sportliche Wettkämpfe. Auch das Jungvolk verlangte seinen Tribut. Die «Geländespiele» waren beliebt, vor allem wenn sie in ungewöhnlichem «Gelände» stattfanden. Einmal hatte meine

Gruppe die Aufgabe, ein Päckchen aus dem KaDeWe, dem grossen Kaufhaus am Wittenbergplatz zu schmuggeln. Mit Hilfe meiner Mutter verkleidete ich mich als Mädchen, einschliesslich der Stöckelschuhe, und täuschte die Gegner. Heimabende fanden weniger Liebhaber. Dass Adolf Hitler am 20. April in Braunau am Inn geboren war, hatten wir rasch gelernt. Ein-, zweimal nahmen wir an grossen Aufmärschen teil. Stundenlang marschierten und standen wir in unserer Kolonne, müde und angespannt zugleich, Steinchen in Albert Speers totalitärer Menschenarchitektur.

In dieser Zeit, mit zwölf oder dreizehn, wurde ich zum Führer befördert, mit einer rot-weissen Schnur am Braunhemd und der gelegentlichen Verantwortung für ein Dutzend Zehnjährige. Zur «Dienststellung» kam der «Dienstgrad» (oder auch umgekehrt), auf der ersten Stufe als «Hordenführer». Die Nazis hatten ja eine ganze Nomenklatur der Führerschaft erfunden, mit einem eigentümlichen Bedeutungsfeld. Man wurde Führer einer «Horde», auch einer «Rotte», und wenn man ein ganz hohes Tier war, eines «Stammes». Schon hatte Karl Popper im fernen Neuseeland begonnen, seinen «Beitrag zur Kriegsanstrengung» zu schreiben, *Die offene Gesellschaft und ihre Feinde.* Darin wird der Stamm als Inbegriff der geschlossenen Gesellschaft der Unfreiheit geschildert, was die Nazis mit unseligem Erfolg zu sein anstrebten.

Meine Eltern machten gute Miene zum bösen Spiel, sogar wenn einmal ein «Heimabend» in unserem Keller stattfand, ein paar Meter weit von der ominösen Aktenkiste. Sie achteten aber auch darauf, dass das böse Spiel nicht ausartete. Als Kandidaten für die Jungenrolle in einem Aufmunterungsfilm – «Junge Adler» hiess er, glaube ich – gesucht wurden, kam ich bis in die Endausscheidung in einem Studio in Babelsberg. Der Gewinner hiess Hardy Krüger, der dort seine Filmkarriere begann. Dann war die Rede von meiner Versetzung in eine der «Napolas», der Nazi-Eliteschulen. Ich weiss nicht wie, aber irgendwie machten meine Eltern den Plan zunichte.

Was ich selbst bei alledem dachte, war vermutlich ebenso kunterbunt-juvenil wie die diversen Taten und Erlebnisse. Indes schon mit 13, am 30. Januar 1943, machte ich (in verdächtig schlechtem Deutsch) eine eigentümliche Tagebuchnotiz:

> «*Das Reich* Adolf Hitlers, *das* er von nichts geschaffen hat und das *Adolf Hitler* genial *führt* und auch weiter führen wird, *kann niemals* zerstört werden. *Länger als* 3 Jahre wütet nun schon der Krieg, und trotzdem Hitler schon mehr als *50 Jahre* alt ist, *bestehen* wir ihn nicht nur, sondern können schon auf viele Siege zurückblicken.»

Eine Seite weiter findet sich in dem Tagebuch der unvermittelte Hinweis: «Achtung! Achtung! Ich erinnere an die Leseutensilien hinten im Buch! Sie sind oft sehr nützlich!» Diese «Utensilien» bestanden aus einem Blatt Papier mit Schlitzen, die nur bestimmte Wörter des Textes noch sichtbar lassen, in diesem Fall die oben unterstrichenen: «Das Reich, das Adolf Hitler führt, kann niemals länger als 50 Jahre bestehen.» Das tausendjährige Reich! Eine solche Formulierung war schon fast Hochverrat – wenn einen auch schaudert bei dem Gedanken, dass die zwölf Jahre des Naziregimes fünfzig hätten sein können.

Was haben wir gewusst? ist die Frage, mit der ich diese Geschichte begann. Was meine Eltern gewusst haben, weiss ich nicht, und ich kann sie nicht mehr fragen. Doch habe ich Zweifel, ob sie wirklich von der Wannsee-Konferenz und den Anfängen des Holocaust wussten. Ellen, die die Frage immer wieder stellt, war in erster Ehe mit einem Cousin von Gerhart Riegner verheiratet, den ich durch sie kennengelernt habe. Riegner war der Sekretär des World Jewish Congress, der im August 1942 den amerikanischen Konsul in Genf aufsuchte, um ihm mitzuteilen, dass nach sicheren Informationen dreieinhalb bis vier Millionen Juden in Vernichtungslager deportiert werden sollten. Vom Tod durch Blausäure war die Rede. Riegner fand kein Gehör. «Niemand glaubte mir», sagte er später. Erst Monate, fast ein Jahr nach der ersten Warnung zeigte sein beharrliches Wirken Ergebnisse, wenn auch nicht Konsequenzen.

Riegner hat seine eigene, höchst (und zutiefst) menschliche Erklärung gefunden. Menschen weigern sich, Geschehnisse zu akzeptieren, die ihr Verständnis übersteigen. Wir können das absolut Böse nicht fassen und daher auch nicht für real halten. Darin liegt fast (so Riegner in seiner Autobiographie) eine Quelle des Glaubens an eine bessere Zukunft. Als Riegner das 1998 schrieb, waren indes 56 Jahre vergangen seit dem «Riegner-Telegramm» des amerikanischen Geschäftsträgers. Was nicht einmal die Führer der Alliierten glaubten, die doch allen Grund hatten, Deutschland Böses zuzutrauen, wussten wir gewiss nicht. Dass schreckliche Dinge geschahen, dass Menschen von Staats wegen umgebracht wurden, dass blosse Zugehörigkeit zu einer «Rasse» das Ende bedeuten konnte, das wussten viele in einer eher vagen, unspezifischen Weise. Es war aber ein unwissendes Wissen, ja ein wissendes Nichtwissen.

7 *Rette sich, wer kann!*

Im Sommer 1943 waren Brandbomben keine Sache der Theorie für süssstoffgedämpfte Schüler auf Luftschutzwache mehr, in Berlin nicht und schon gar nicht in Hamburg. Die Woche der schweren Luftangriffe auf Hamburg hatte begonnen. Meine Mutter machte sich Sorgen um ihre Eltern. Diese hatten ihre Wohnung in einer der alten Arbeitersiedlungen verlassen und waren «aufs Land» gegangen. Das «Land» war ein Schrebergarten mit einer liebevoll hergerichteten Holzlaube eine halbe Stunde Fussweg entfernt von ihrer Wohnung. Dort glaubten sie sicher zu sein. Doch wurde die Laube von einer Bombe direkt getroffen, und Oma und Opa Witt kamen dabei ums Leben.

Mein Vater, ohnehin auf Reisen, fuhr nach Hamburg, um Genaues herauszufinden. Er hätte es besser nicht getan. Was die Eltern meiner Mutter betraf, so konnte er nur bestätigen, was ein Telegramm schon mitgeteilt hatte. Eine Nacht brachte er bei seinen Eltern und seiner Stiefschwester Gerda zu. Wir hörten zwei, sogar drei Tage nichts, ausser dass wir wussten, dass in Hamburg vor allem die Wohnviertel der Arbeiter schwerste Zerstörungen erlitten hatten.

Am 29. Juli kam dann ein Brief meines Vaters aus Lütjensee, in der Nähe von Hamburg. Ein Brief, in weniger als 24 Stunden pünktlich zugestellt trotz all des Chaos! «Liebe, gute Lina» schrieb der Vater und sprach dann von der Nacht, «die ein Bombardement und ein Fegefeuer brachte, das keine menschliche Vorstellungskraft sich ausmalen kann. Hamburg ist gewesen! Und tausende Hamburger auch!» Absatz. «Darunter Vater und Mutter!» Er meinte die Eltern meiner Mutter. «Und wo mein Vater, meine Mutter und Gerda sind …: ich weiss es nicht.» Aber er ahnte es. Er war in der Eiffestrasse bei ihnen gewesen, bis der Feuersturm sie rings umfing. «Keine Fluchtmöglichkeit. Keine gegenseitige Hilfe war mehr möglich. Wie heute die offizielle Parole: Rette sich wer kann! so auch in der Nacht. Unter phantastischen Umständen, mit verbrannten Augen, zerschnitten und zerrissen, habe ich mich retten können.»

Der Brief endet in der flehentlichen Aufforderung: «Fahrt, wenn Ihr könnt, weg! Bringt Euch in Sicherheit!» Wo? Die Eltern hatten Vorbereitungen getroffen, um in einer Pension in Buckow in der Märkischen Schweiz unterzukommen. Das war unter normalen Umständen kaum zwei Stunden weit weg, und in der Pension Sass unten am Scharmützelsee hatten wir mehrfach schon Ferien verbracht. Die Schwestern Sass führten ein Haus der Freunde. Das waren nicht gerade Widerständler, aber ganz und gar keine Nazis. In normalen Zeiten wären die meisten Bewohner Liberale gewesen. Jetzt halfen die Pensionswirtinnen uns, in zwei Zimmern Unterschlupf zu finden. Über den See hinweg sah man in der Ferne die nächtlichen Zeichen der Angriffe auf Berlin, die zielerleuchtenden «Tannenbäume», die Flakscheinwerfer, die Feuerspuren von Bränden und Explosionen. Aber eine Zeitlang waren wir sicher, sogar mein Vater, der nun von Buckow aus seine Reisen durch das Reich unternahm.

Mittlerweile wissen wir, dass Luftangriffe auf Wohngebiete in der Regel nicht die beabsichtigte Wirkung der Demoralisierung der zivilen Bevölkerung haben. Für viele verstärken sie im Gegenteil eher die Solidarität der Angegriffenen. Es gibt allerdings ganz andere Reaktionen. Gerd Bucerius, der spätere CDU-Bundestagsabgeordnete und Verleger der «Zeit» (dessen Biographie ich geschrieben habe) machte sich wenig Freunde mit seiner Erinnerung an die Hamburger Angriffe, die er vom Dach seines Hauses in Othmarschen beobachtete: «‹Endlich›, rief ich immer wieder, ‹endlich›! Endlich kamen sie, die Engländer!» Und schlimmer noch: «Ihr, die Toten, habt es so gewollt.» Er bangte um die englischen Piloten und «musste fast den Untergang seiner schönsten Stadt wünschen».

Wir empfanden weder das eine noch das andere, weder Solidarität noch Triumph. Wir waren dankbar, dass der Vater halbwegs unversehrt aus dem Fegefeuer herausgekommen war, und traurig, dass die Eltern – meine Grosseltern – alle ihr Leben lassen mussten. Traurig ist kaum das richtige Wort; wir waren benommen vor Schmerz und auch fassungslos, dass sie alle vier binnen weniger Tage zu Opfern eines Krieges wurden, den Hitler angezettelt hatte, aber mit dem sie nichts, gar nichts zu tun hatten. Das ganze schien wie ein *fatum*, ein Schicksal, ausser dass zumindest mein Vater nicht bereit war, es untätig hinzunehmen. Der Widerstand ging in seine aktive Phase.

Für mich bedeutete der Weg nach Buckow das Tor zu einer ganz anderen Welt. Nach dem Krieg, als Bert Brecht und Helene Weigel sich dort niedergelassen hatten, fand selbst der sonst so herbe Dichter lyrische Töne:

> Am See, tief zwischen Tann und Silberpappel
> Beschirmt von Mauer und Gesträuch ein Garten
> So weise angelegt mit monatlichen Blumen
> Dass er vom März bis zum Oktober blüht.
>
> Hier, in der Früh, nicht allzu häufig, sitz ich
> Und wünsche mir, auch ich mög allezeit
> In den verschiedenen Wettern, guten, schlechten
> Dies oder jenes Angenehme zeigen.

Allerdings schrieb er auch diese Buckower Elegie mit dem Titel «Vor acht Jahren», die also zurückführt ins Jahr 1943:

Da war eine Zeit
Da war alles hier anders.
Die Metzgerfrau weiss es.
Der Postbote hat einen zu aufrechten Gang.
Und was war der Elektriker?

Von beiden Empfindungen gab es bei mir Spuren. Vor allem aber begann ein Leben jenseits aller Berliner Disziplin. Gerhard war der Sohn eines Gastwirts, bei dem wir schon einmal ein Bier tranken. Ich machte mir wenig aus Alkohol, dafür umso mehr aus Zigaretten, für die der 14jährige natürlich keine Rationen, keine «Raucherkarte» bekam. Mit Heini Rassmus reflektierte ich ausgiebig über letzte Dinge; *symphilosophein* könnte man es nennen, gemeinsam philosophieren. Dann waren da die Mädchen, Mieke und Gisela und andere. Wir trafen uns im Schwimmbad, wo sie aufreizende Badeanzüge trugen. Dass wir uns die Haare lang wachsen liessen, gefiel den jungen Damen. Auf einmal war ein Grammophon da, und zudem Schallplatten mit jenem verbotenen Genuss, Swing. Zwischen den Umziehkabinen tanzten wir zu den Rhythmen und Melodien von Duke Ellington und Benny Goodman. In Hamburg wurde noch im gleichen Jahr eine Widerstandsgruppe aufgedeckt, die sich «Swingjugend» nannte. Swing war der Inbegriff weibischer und fremdländischer Werte, die die Nazis, vor allem während des Krieges, ausmerzen wollten. Doch unter uns Jungen in Buckow gab es keine Nazis, so schien es, noch nicht einmal ein Jungvolk, geschweige denn eine Hitlerjugend.

Und dann war da die Schule im nahen Waldsieversdorf; aber das ist eine eigene Geschichte.

8 *20. Juli 1944*

Waren Spiel und Ernst, Jugendsünden und Staatsvergehen bislang oft gleichermassen am Werk, so senkte sich die Waage 1944 zunehmend in die ernste, ja lebensbedrohende Richtung. Der Vierzehn-, dann Fünfzehnjährige war immer noch zu läppischen Schandtaten bereit, vor allem um zu seinen Zigaretten zu kommen; auch konnten Freundinnen, erträumte und wirkliche, ihn mächtig ablenken; aber die angelegte Lebensbahn führte, je mehr die Umstände sich zuspitzten, zu Kollisionen, bei denen das Lachen verging. Das sollte alles etwas mit dem 20. Juli zu tun haben, dem Tag des beinahe erfolgreichen Attentates auf Hitler. Dies ist keine neue Version des Ereignisses selbst, es ist vielmehr die Beschreibung des Umfeldes – einer kleinen Ecke des Umfeldes – des historischen Geschehens.

Dabei ist zunächst der «Prof» zu erwähnen, der Direktor der Internatsschule Waldsieversdorf, Karl Pflug. Der ungewöhnliche Mann war 1880 geboren. Im Ersten Weltkrieg schwer verwundet, verband er in den frühen 20er Jahren das Lehramt mit der Tätigkeit als Abgeordneter des Preussischen Landtages. Er war, und das ist für die Geschichte wichtig, Deutschnationaler. Reste der Deutschnationalen Volkspartei sollten später gemeinsame Sache mit den Nazis machen, doch galt das nicht für Professor Pflug. Er vertrat vielmehr jene Verbindung von Rechtsstaatsenthusiasmus und Demokratieskepsis, oder einfacher ausgedrückt, von Anstand, Patriotismus und dem Glauben an gute Autoritäten, die manche der Widerständler unter den Offizieren des 20. Juli inspirierte.

Die Entscheidung, sich mitten im Krieg gegen das Regime des Verbrechens zu wenden und damit ein Kriegsende ohne Sieg herbeizuwünschen, war für diese Männer zugleich unausweichlich und unerträglich.

Der Prof (wie er ohne Pünktchen und Anführungsstriche für uns Schüler hiess) hatte die Schule erst 1940 übernommen. Karlheinz Helmuth spricht in seiner schönen Erinnerungsschrift über das Pädagogium Waldsieversdorf von den «autoritären Ansichten» des Prof, die doch «gewisse liberale und soziale Aspekte» zur Geltung kommen liessen, und betont mit Recht die Verehrung der ehemaligen Schüler für ihn. Dass er Nazis verabscheute, zeigte er im Verhalten gegenüber dem Mathematiklehrer Dr. Kopp, der später einige von uns Schüler denunzierte und auch «im Kollegium eine Front gegen den Prof» formierte. Abends lud uns der Prof zuweilen in sein Wohnzimmer, wo er im Licht einer Stehlampe sitzend allerlei Texte vorlas, Theodor Fontane natürlich, aber auch Hans Grimms *Volk ohne Raum*, ein nationalistisches Werk, dem wir wenig abgewinnen konnten.

Dabei war Eduard Grosse, Poldi wie wir ihn nannten, laut Karlheinz Helmuth «wegen seiner Haartracht, die dem in damaligen Filmen dargestellten ‹Poldi› ähnelte». Poldi, der aus Berlin-Neukölln gekommen war, also einem nicht für seine Bürgerlichkeit bekannten Stadtbezirk, schien mir der Inbegriff des Freundes von *high life*, also von Wein, Weib und Gesang. Er war der «Swing Boy» par excellence. Doch hatte er auch eine ernstere Seite und zudem, wie ich bald herausfinden sollte, eine seltene Widerstandskraft unter widrigen Umständen. Eines Tages, nachdem er das Risiko wohl erwogen hatte, erzählte er mir von einer Organisation, die er noch in Berlin gegründet hatte. Sie hatte ihren Ursprung (in seinen eigenen Worten fünfzig Jahre später) «in einem Strassengraben zwischen Berlin-Buckow-West und Gross-Ziethen», wo der 15jährige Eduard mit einem 17jährigen Freund beschloss, «in Widerstand gegen die Hitler-Jugend und gegen das

Dritte Reich zu gehen». «Wir kamen uns sehr heldenhaft vor, den antitotalitären Tendenzen unserer beiden Familien zu entsprechen.»

Der Widerstand nahm die Form eines Vereins mit einem anspruchsvollen Namen an: Freiheitsverband Höherer Schüler Deutschlands (FHSD). Die (wenigen) Mitglieder schrieben Flugblätter und verteilten sie, laut Poldi, in der Berliner U-Bahn und S-Bahn, später dann auch in den Stellungen von Flakhelfern. Die Flugblätter hatten Titel wie «Macht dem Morden ein Ende» und «Schluss mit dem Krieg» und waren, nach meiner Erinnerung, zwei Schreibmaschinenseiten lange Pamphlete mit mehr Invektive als Information, allerdings mit der klaren Botschaft, das Nazi-Regime müsse beseitigt werden, auch wenn das bedeute, dass der Krieg verloren sei.

Meine Erinnerung ist nicht ganz so dramatisch wie Poldis, wohl weil ich erst spät, nämlich in Waldsieversdorf, hinzukam. Ich weiss noch, dass wir eine gelbe Stecknadel als Erkennungszeichen im Revers trugen, was nicht von besonderer Klugheit zeugte. Am Ende waren vier Jungen aus unserer Klasse beteiligt. Wieviel Subversion wir bewirkten, weiss ich nicht. Sicher ist allerdings, dass unsere Aktivitäten riskant waren, ja uns Kopf und Kragen kosten konnten.

Dem Prof erzählten wir nichts von den Flugblättern und ihrer Verbreitung. Das war ein Fehler, vor allem für mich, wie sich herausstellen sollte. Der Prof als Schulleiter wurde aufgefordert, einen älteren (!) Jungen als Lagermannschaftsführer für ein KLV-Lager zu nominieren. Poldi kam irgendwie nicht in Frage; die beiden anderen waren aus gesundheitlichen Gründen vom Militärdienst befreit. Also bekam ich eines schlimmen Tages den «Gestellungsbefehl», mich am 18. Juni im Seebad Horst an der Ostsee nahe dem heute polnischen Kolberg/Kolobrzec zu melden, um dort ein «Lager» zu übernehmen. Mir blieb keine Wahl, und auch meine sonst so erfindungsreichen Eltern fanden keinen

1 «Der Großvater, der wie ein freundlicher Teddybär aussah und immer muntere Stimmung verbreitete, war zuweilen ein Tunichtgut.» Opa Dahrendorf mit seiner Frau Rebekka und den fünf Söhnen, 1917/18. Links Gustav, mein Vater.

2 Opa Witt (als Feldbäcker) mit seiner Frau Magda und den beiden Kindern 1916/17. «Sowohl ihm als auch seiner Frau, der Mutter meiner Mutter, lag viel an Ehrbarkeit und Anstand.» Links Lina, meine Mutter.

3 Der Vater trägt, die Mutter hält die Brüder Ralf und Frank. In Berlin um 1937.

4 Noch hat der Vater leichtes Spiel mit dem Sohn.

«In den 30er Jahren gab es nicht nur ernste Gespräche, sondern auch viel Lachen und manchen gemeinsamen Ausflug.»

5 Julius Leber und mein Vater in Ahrenshoop 1937.

6 Die Familienferien an der Ostsee mit Julius und Annedore Leber und den Kindern Katharina und Matthias waren für uns Kinder ein uneingeschränktes Vergnügen.

1944

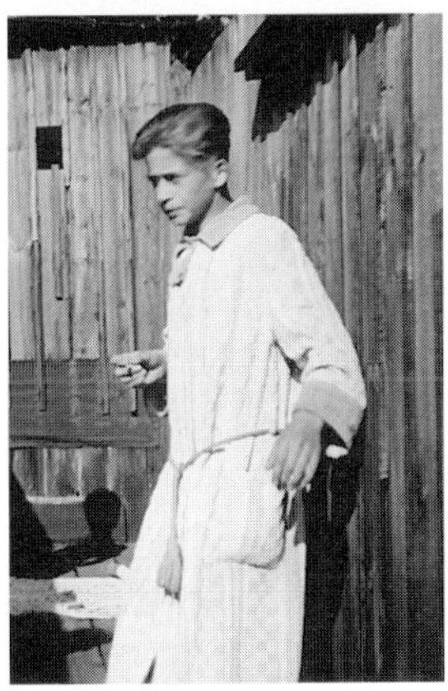

7/8 Vor dem 20. Juli: Der Lagermannschaftsführer wider Willen und die ihm anvertrauten Jungen im Haus Lange in Horst an der Ostsee.

9 Auch so sah Widerstand aus: In der hinteren Reihe Eduard Grosse (2. von links) und ich mit Tanzpartnerinnen und uniformlosen Freunden.

10 Beim verbotenen Swing zwischen den Umziehkabinen des Schwimmbades in Buckow.

Schlimme Zeit

11 Mein Vater vor dem Volksgerichtshof des «Blutrichters» Freisler am 20. Oktober 1944. Das Urteil lautete auf sieben Jahre Zuchthaus.

12/13 Ich wurde am 6. Dezember 1944 verhaftet und zunächst in Frankfurt/Oder inhaftiert (links eine Zelle im Polizeigefängnis), dann in das «Erweiterte Polizeigefängnis», das Lager Schwetig (heute Swiecko) gebracht. Bei einem Besuch 1973 fand ich dort nur ein verwittertes Holzkreuz (rechtes Bild); heute gibt es ein schlichtes Denkmal.

Ausweg. So wurde doch noch einmal eine Jungvolk-Uniform beschafft, und ich machte mich auf den Weg.

Das «Lager» war dieses Mal eine Pension, genannt Haus Lange. Dort waren zwanzig zehn- bis zwölfjährige Kinder aus Potsdam untergebracht. Die Pensionsbesitzerin kümmerte sich um ihr leibliches, ein älteres Lehrerehepaar um ihr geistiges Wohl, so dass ich viel Zeit für mich allein hatte. Mir blieb vornehmlich die Aufsicht beim Baden in der Ostsee (die zuweilen durchaus heikel sein konnte) und auch sonst die Einhaltung der nötigen Disziplin. Anfang Juli ermahnte mich mein Vater in einem pädagogischen Brief, dass es mir nicht schaden könne, mich hineinzufinden «in eine strengere Ordnung des Alltäglichen, die Du ja wohl als Lagermannschaftsführer nicht nur anderen auferlegst, sondern auch selbst übst». Einen späteren Absatz des Briefes nahm ich wohl nicht ernst genug. «Du bist jetzt für längere Zeit auf Dich selbst gestellt. Sei Dir dessen bewusst! Es ergibt sich daraus für Dich selbst eine Verpflichtung und eine Aufgabe.»

Dann der 20. Juli. Mein Tagebuch weist am folgenden Tag eine gewollt mehrdeutige Eintragung auf. Militärisch stehe es schlecht. Nun komme der Versuch eines Obersten hinzu, den Führer zu töten, «um dann als Vorsitzender einer schon gebildeten Regierung das nach seiner Meinung ‹Beste› für Deutschland zu tun». Die Folge sei eine «Verschärfung in der Heimat», darunter viele Verhaftungen. In Klammern fügte ich in zweifelhaftem Griechisch, aber mit, wie ich meinte, für etwaige «Spione» unlesbaren griechischen Buchstaben hinzu: *patèr emou*, mein Vater. Am 26. Juli kam meine Mutter mit Bruder Frank zu einem plötzlichen Besuch. Auf einem langen Spaziergang erzählte sie mir, dass mein Vater im Garten der Pension Sass verhaftet worden war. Ein Telegramm der Verschwörer an den Wehrkreis X (Hamburg-Schleswig-Holstein) hatte ihn als Wehrkreis-Beauftragten der Regierung in der Bendlerstrasse bestellt. Dann sprach Mutti die schmerzhaften Worte: «Dies wird eine schwierige Zeit, mein Sohn. Ich glaube nicht, dass ich Dir helfen kann. Jetzt muss jeder von uns selber sehen, wie er zurechtkommt. Ich kann nur hoffen, dass alles ein gutes Ende nimmt.»

Es dauerte nicht lange, bis ich zur örtlichen Dienststelle der HJ-Verantwortlichen zitiert wurde. Irgendein Stamm- oder Bannführer hielt mir vor, ich hätte mein Lager «in sozialdemokratischer Weise» erzogen. Die armen Zehnjährigen! Wusste er, wovon er sprach? Ich wusste es nach wie vor nicht, aber verstand durchaus, was gespielt wurde. Ein paar Wochen noch liess man mich «im Amt». Sehr erfreulich war das nicht. «Ich erhalte keine Post mehr, und überhaupt blicke ich ins Dunkle», notierte ich am 13. August. Bald danach wurde ich nach Hause geschickt. Nach Hause? Nun, nach Buckow. Der Prof entschuldigte sich zutiefst dafür, mich für die KLV nominiert zu haben, aber er habe ja keine Ahnung von der Rolle meines Vaters gehabt.

Noch einmal begann die Schule. Poldi und ich waren jetzt rebellisch. Als Hitler am 18. Oktober alle verbleibenden gesunden und auch nicht-so-gesunden Männer aufrief, einen Volkssturm zu bilden, mussten wir einen Aufsatz über das Thema schreiben. Wir schrieben jeder auf seine Weise, dass der Aufruf nur das bevorstehende Ende des mörderischen Regimes bedeuten könne. Am nächsten Abend rief der Prof Poldi und mich zu sich in das Wohnzimmer, wo die Holzscheite im Kamin loderten. Vor unseren Augen zerriss er unsere Aufsätze, warf sie ins Feuer und ermahnte uns, in Zukunft vorsichtiger zu sein.

Am 20. Oktober stand mein Vater mit Julius Leber, Adolf Reichwein und Hermann Maass vor dem Volksgerichtshof. Die vorangehenden Wochen waren schlimm gewesen; die überlieferten Photos der «Angeklagten» erzählen die Geschichte. Teils in der berüchtigten Prinz-Albrecht-Strasse, dem Gestapo-Hauptquartier, teils im KZ Oranienburg, wurden die noch lebenden Beteiligten des Aufstandes vom 20. Juli verhört. Manchmal trafen sie sich für kurze Momente; bei einem solchen Treffen sagte Wilhelm Leuschner zu meinem Vater die später schicksalsschweren Worte: «Schafft mir die Einheit!» Er meinte die Einheit der Arbeiterklasse, deren Fehlen nach seiner Meinung den Nazis den Weg geebnet hatten.

Dann kam der Prozesstag. Leuschner war schon am 8. September zum Tode verurteilt und hingerichtet worden. Die Beschuldigten, die am 20. Oktober vor dem «1. Senat des VGH unter Vorsitz des Präsidenten des VGH Roland Freisler» standen, erwarteten nichts anderes. Zwei Tage zuvor hatte mein Vater an meine Mutter geschrieben: «Es ist so schmerzlich für mich wie für Dich, wenn ich Dich bitten muss, den ganzen Ernst meiner Lage zu erkennen.» Als dann das Urteil auf «nur» sieben Jahre Zuchthaus erkannte, schrieb Vater erneut an seine «liebe, liebe Lina». «Das Urteil ist hart für mich. Lass' mich Dir gestehen, dass ich mit einem noch härteren gerechnet habe.»

Die Anklage gegen alle lautete auf Hoch- und Landesverrat sowie «Mitwisserschaft an einem hochverräterischen Unternehmen». Im Fall meines Vaters wurde aus unerklärten Gründen nur die letztere, die Mitwisserschaft, zur Sprache gebracht. Die drei anderen, unter ihnen Julius Leber, wurden zum Tode verurteilt. Ein unbeteiligter Beobachter des Prozesses, Matthias Menzel, hat in seinem *Berliner Tagebuch* die satanische Art des kreischenden «Richters» Freisler beschrieben, der zweifellos im Vorhinein die Urteile beschlossen hatte, und dann den Kontrast zur Würde der Beschuldigten geschildert. Als Freisler sich vor der Urteilsverkündung kurz zurückzieht, «geschieht im Saal etwas Unvergessliches. Leber, der weiss, dass eine Viertelstunde später sein Todesurteil gefällt sein wird, reicht Dahrendorf, für den der Staatsanwalt mangels jeglicher Beweise ‹nur› zehn Jahre Zuchthaus beantragen konnte, lange und bewegt die Hand. Sie können einander nichts sagen, die beiden Männer. Aber Tränen schimmern in ihren Augen. Es ist ein Händedruck, der vom Tod ins Leben herüberreicht.»

Das Drama des 20. Juli hat mehrere Facetten, die indes alle zu einem Bild führen. Annedore Leber hat später vom «Aufstand des Gewissens» gesprochen. Es war vor allem die Revolte des Anstandes gegen das staatlich verordnete Böse. Da gab es preussische Kreise wie die der Offiziere, deutschnationale wie die des Prof. Da gab es eine kleine bürgerliche Gruppe, zu der der designierte Regierungschef Carl Friedrich Goerdeler ebenso gehörte wie Johannes Popitz und andere Mitglieder der Berliner «Mittwochs-Gesellschaft». Wäre diese Gruppe stärker gewesen, dann hätte die erste deutsche Republik durchaus gelingen können! Und dann gab es die Sozialdemokraten, die in Wahrheit genau das Gegenteil von «vaterlandslosen Gesellen» waren, als welche sie häufig beschimpft wurden. Für sie waren Vaterland, Recht und Sozialismus untrennbar, für niemanden mehr als für Julius Leber. Zudem, und zum Unterschied von den anderen Gruppen, waren sie Demokraten. Ich bin politisch andere Wege gegangen, westlichere, liberalere, aber bis heute ist für mich die Welt meines Vaters der Inbegriff des Guten in der deutschen Tradition.

Neun Tage nach dem Prozess vor dem Volksgerichtshof schrieb mein Vater den ersten Brief aus dem Zuchthaus Brandenburg-Görden. Er bat um ein Bild von der Familie, wozu der Zensor am Rand vermerkte: «Verboten!» Dann bat er die Mutter: «Grüsse besonders herzlich den lieben Ralf und den braven Butz!» Das war merkwürdig, denn normalerweise verhielt es sich umgekehrt; Frank war lieb und ich war brav. Indes hatte der Vater dieses Mal nicht unrecht. Wir hielten uns nicht an die Mahnungen des Prof. Da Poldi in Müncheberg wohnte und ich in der entgegengesetzten Richtung von Waldsieversdorf in Buckow, schrieben wir uns in den Schulferien gelegentlich Briefe. Diese enthielten zwar nach meiner Erinnerung die Flugblatt-Texte des FHSD nicht, erwähnten aber deren Existenz. Da wir selbstverständlich unter Briefzensur standen, wurde einer der Briefe von mir abgefangen.

Als ich an einem Novembertag wie üblich von der Schule in die Pension zurückkam, wartete ein Fremder auf mich. «Er sagt, er sei ein Freund von Dir», erläuterte meine Mutter, der er unwirsch befahl: «Lassen Sie uns allein!» Er wies sich als Gestapomann aus und forderte mich auf, vom FHSD zu erzählen. Ich hatte nicht die Absicht, viel zu sagen. Da holte er den Brief aus der Tasche, den ich vor einiger Zeit an Poldi geschrieben hatte. Das englisch-lateinische Kauderwelsch konnte den Sinn des Briefes nicht verbergen. Der Schock löste mir die Zunge, jedenfalls was mich betraf. Man wird ja leider nicht dafür ausgebildet, mit Gestapoleuten umzugehen; nur dies wusste ich instinktiv, dass man andere nicht verrät, ja am besten gar nicht von ihnen redet. Nach einer Stunde nahm der Gestapomann mich mit zum Polizeirevier, wo er einen Briefbogen in die Schreibmaschine spannte, um ein Protokoll aufzunehmen. Da war ich schon vorsichtiger geworden, was ihn dazu veranlasste, mehrfach glaubwürdig zu versichern: «Wir können auch anders!» Am Ende nahm er den Bogen wieder heraus und sagte: «Du hast eine Woche Zeit, Dir das zu überlegen. Dann erzählst Du mir nicht nur, was Ihr getrieben habt, sondern auch, wer daran beteiligt ist. Und wir wollen alles wissen, verstehst Du. So, und jetzt mach, dass Du davonkommst.»

Poldi und ich berieten eine einfache Strategie für die kommende Woche: alles leugnen, überhaupt nichts sagen. Wir erwogen noch Ablenkungsmanöver (FHSD = Freundeskreis Hitlerischer Schüler Deutschlands oder so ähnlich), verwarfen aber die meisten wieder. Dann kam, eine Woche später, nicht nur mein «Freund», sondern ein zweiter Mann mit ihm. Auf dem Weg nach Buckow teilte ich ihnen mit, dass ich nichts zu sagen hätte. «Und was du mir letzte Woche erzählt hast?» «Das war alles nicht wahr.» Wir waren im Polizeirevier angekommen. Er holte einen Rohrstock aus dem Schreibtisch und schlug mir auf die Finger, immer wieder, was mich vollends obstinat machte. Dann nahm er ein

Protokoll auf, mit all meinen Widerrufen und einigen Phantasiegeschichten. Das unterschrieb ich gerne und erleichtert. «Du hörst noch von uns!» Ich lief wie befreit nach Hause. Nur meine Mutter, die auf meine Finger guckte, als sie die Geschichte anhörte, verriet durch den Schrecken in ihrem Gesicht, was sie dachte.

Drei Wochen lang geschah gar nichts, und ich fühlte mich in meiner Erleichterung bestätigt. Am Abend des 5. Dezember war ich allein mit meinem Bruder in unseren Zimmern in der Pension Sass. Meine Mutter war mit anderen Hausgästen ins Kino gegangen. Am nächsten Morgen wollte sie mit uns den Frühzug nach Berlin nehmen, um dort einmal wieder nach dem Rechten zu sehen. Für die Reise waren Brote vorbereitet. Als es an der Tür klopfte, bekam ich es mit der Angst. Zwei Männer erschienen. Sie forderten mich auf, die Brote einzupacken und meinen Pyjama und die Zahnbürste dazu. Mein Bruder schrie. Die beiden nahmen mich mit in ihr Auto. Hinten sass schon Poldi. Er war bei einer ärztlichen Untersuchung verhaftet worden, bei der er eine Nierenkrankheit vorspiegelte, um seiner Einberufung zu entgehen. Ich bat die Männer, mir wenigstens zu erlauben, meiner Mutter zu sagen, was geschehen war. Sie hielten am örtlichen Kino. Ich lief in die flimmernde Dunkelheit und schrie: «Mutti! Mutti!» Meine Mutter kam, begriff die Lage in einem Augenblick, aber konnte nichts mehr sagen, bevor ich ins Auto zurückgebracht und weggefahren wurde.

9 *Weihnachten mit Todesangst und Arbeiterliedern*

Die Fahrt führte nach Frankfurt an der Oder. Zu später Stunde erreichten wir das Polizeigefängnis. Dort spielte sich vor unseren Augen ein deutsches Drama als Kurzfilm ab. «Wie alt sind die Jungs?» fragte der wachhabende Gefängnisbeamte. «Das spielt doch keine Rolle», entgegnete der Gestapomann in Zivil. «Sind sie 18?» Poldi war 16, ich 15. «Unter 18 nehmen wir niemanden, das verstösst gegen die Regeln.» «Regeln, Regeln, sehen Sie nicht, dass wir von der Gestapo sind?» «Kinder kommen bei uns nicht rein.» Der Gestapomann schäumte vor Wut, zog aber unverrichteter Dinge mit uns ab. Nazi-Willkür hatte sich an preussischer Korrektheit die Zähne ausgebissen. Auch um diesen Konflikt war es am 20. Juli gegangen.

Am Ende fanden unsere Menschenfänger ein Polizeirevier, in dem wir in zwei benachbarten Einzelzellen untergebracht wurden. Ein paar Tage Einzelhaft sind nicht das schlimmste, was Menschen in einem Jahrhundert der Verfolgung zustossen kann. Wir bekamen regelmässig unser Essen, und während die Pritsche hart war und der Kachelofen kaum genug Wärme gab, blieb ich nicht untätig. Beim ersten Verhör, bei dem ich stundenlang vor einem Schreibtisch stehen musste, hatte ich in einem unbeaufsichtigten Moment einen Bleistift mitgenommen. Unter der dünnen Holzwollmatratze in meiner Zelle fand ich braunes Packpapier und vergnügte mich bald damit, lateinische Vokabeln zu sammeln, alle, die mir noch von meinen vielfach unterbrochenen Gymnasiumstagen im Gedächtnis geblieben waren. Warum gerade lateinische Vokabeln? Es hätten auch Städte, Länder, Flüsse sein können, aber das wäre zu einfach gewesen. Einmal wurde ich für ein weiteres unangenehmes Verhör zum Gestapo-Hauptquartier am Ort gebracht, aber mittlerweile waren alle meine Widerstandskräfte voll erwacht, und sie kriegten nichts mehr aus mir heraus.

Die Tage waren trotz allem schrecklich und hinterliessen bleibende Spuren. Dreissig Jahre später, 1974, sagte ich in meinen BBC-Vorlesungen über *Die neue Freiheit*: «Die zehn Tage Einzelhaft haben jenen fast klaustrophobischen Drang zur Freiheit in mir geweckt, den aus den Eingeweiden kommenden Widerwillen gegen das Eingesperrtsein, sei es durch die persönliche Macht von Menschen oder durch die anonyme Macht von Organisationen.» Ich war ziemlich mitgenommen, aber moralisch ungebrochen. Im Gegenteil. Was bislang bis zu einem gewissen Grade jugendliche Spielerei gewesen war, verwandelte sich spätestens jetzt in ein ernstes Engagement. Wenn ich je erwogen haben sollte, mich mit dem Nazi-Regime einzulassen, anstatt es zu bekämpfen – und es mag wohl sein, dass es ein paar solcher Momente gab –, war ich nun für alle Zeit resistent gegen solche Versuchung. Wahrscheinlich hat jene Zelle in Frankfurt an der Oder mich sogar immun gemacht gegen die Versuchungen jeder Art von Totalitarismus. Sie hat mich nicht nur immunisiert, sondern auch mit Antikörpern versehen, die ein Leben lang ausreichen sollten.

Nach zehn Tagen wurden die Zellentüren geöffnet, und Poldi und ich sahen uns zum ersten Mal wieder. Er war sein altes, munteres Selbst, durch die Erfahrung nicht sichtbar beeinträchtigt. Später beschrieb er mehrfach die folgenden Ereignisse, und unsere Geschichten stimmen nicht in jedem Detail überein. Es gibt sogar unterschiedliche Versionen dessen, was vor dem Tag unserer Wiederbegegnung geschehen war. Das Gedächtnis ist, wie man mit zunehmendem Alter lernt, ein brüchiges Gewebe, durch spätere Ereignisse aufgedröselt und dann wieder zusammengeknüpft. Eduard erinnert sich, auf eigenen Wegen nach Frankfurt gebracht worden zu sein und glaubt, dass die Polizeizellen Teil des Gestapo-Hauptquartiers waren. Wer kann das heute sagen? Er berichtet auch, dass er wegen «Defätismus und Wehrkraftzersetzung» für mündig erklärt und zum Tode verurteilt worden sei, woran ich mich für meinen Teil nicht erinnern kann. Indes weiss ich, dass sein Namensgedächtnis besser war als meins, wenn er auch eine Neigung hat, Personen mit finsteren Verschwörungen und überraschenden Ausreissmanövern zu verbinden. Immerhin sind wir einig, was die Abfolge der Ereignisse und auch alle wesentlichen Elemente der gemeinsamen Erfahrung angeht.

An jenem Morgen – wir glauben beide, dass es der 12. Dezember 1944 war – wurden wir zum Frankfurter Stadtgefängnis zurückgebracht. Dort war bereits eine Gruppe von Gefangenen versammelt. Wir wurden in ihre Kolonne eingegliedert und marschierten dann, in einem streng bewachten Zug, durch die Strassen von Frankfurt, über die Oder, südlich an ihrem Ufer entlang, bis wir nach längerem Fussmarsch schliesslich ein Lager nahe dem Ort Schwetig erreichten. Der Ort heisst heute Swiecko, denn die Oder ist jetzt die polnische Grenze. Das Gestapolager – bürokratisch korrekt hiess es «Erweitertes Polizeigefängnis Schwetig» unter Obhut der «Geheimen Staatspolizei – Staatspolizeistelle Frankfurt (Oder)» – versammelte zu jener Zeit eine Vielfalt von angeblich staatsgefährdenden Abweichlern wie uns: «Schutzhäftlinge», das waren frühere Funktionäre der Linksparteien und ihrer Organisationen; «Homosexuelle», «Rassenschänder» und andere, die nicht in die reine braune Welt passten; «straffällig gewordene» polnische und russische Zwangsarbeiter; zudem bald die aus der Festung Posen evakuierten deutschen Offiziere, die trotz ihrer (mir unbekannten) Militärvergehen in voller Montur herumliefen. Rings um die Barackenreihen war ein Stacheldrahtzaun gezogen, hinter dem bewaffnete SS-Chargen mit ihren Hunden patrouillierten.

Ein kalter Wind aus Osten blies über die Ebene. Wir wurden von einem SS-Offizier mit dem schreckenerregenden Titel Lagervollstreckungskommissar empfangen. Sein Name war Kienert, und sein Titel beschrieb seine Funktion. Ein Häftling, der ein halbes Pfund Margarine gestohlen hatte, wurde von ihm auf grausame Weise – nämlich ohne die Klötze, die die Halsschlagader abblocken – gehenkt, und wir mussten den langsamen Tod mitansehen. Hinter den Baracken wurden jeden Morgen Leichen von – erfrorenen? ermordeten? – Insassen des Lagers gefunden. Manchmal hörte man Schüsse, wenngleich wir die Opfer nicht sahen.

Der Kommissar mit dem schrecklichen Titel nahm sich unserer besonders an. Er befahl uns in sein Büro und versuchte dort, uns Lektionen in Nazi-Ideologie zu geben. Er verabreichte uns, wie wir es nannten, «braune Klistierspritzen». Das Büro war warm und vergleichsweise komfortabel, so dass wir alles in unseren Kräften Stehende taten, um die Indoktrinationsstunden zu verlängern. «Warum verlangt die Partei die Abschaffung der Warenhäuser?» fragten wir. Wir wussten, dass die Forderung im ursprünglichen Parteiprogramm der NSDAP gestanden hatte. Wusste der Lagervollstreckungskommissar es auch? Er stammelte etwas; die jüdischen Eigentümer grosser Warenhäuser waren schon lange nicht mehr da. Nach den Lektionen wurden wir zu unserer Baracke zurückgebracht und in einem kleinen Flügel mit einem halben Dutzend anderen eingeschlossen. Um fünf Uhr morgens mussten wir draussen auf dem Appellplatz mit einer Metallschüssel in der Hand Schlange stehen, um eine dünne Kürbissuppe und ein Stück Brot in Empfang zu nehmen. Um fünf Uhr nachmittags beendete ein undefinierbarer Eintopf in derselben Blechschüssel einen weiteren freudlosen Tag.

Wir hatten uns mit den deutschen Schutzhäftlingen angefreundet. Die meisten von ihnen waren vor 1933 örtliche sozialdemokratische und kommunistische Funktionäre gewesen. Sie nahmen uns in ihre Obhut, steckten uns Lebensmittel zu, ermutigten uns mit einem freundlichen Wort. Zu Weihnachten brachten sie es fertig, uns nach dem Abendappell in ihre Baracke zu schmuggeln. So kam es, dass 1944 zum erinnernswertesten Weihnachten meines Lebens wurde. Irgendwie hatten unsere väterlichen Freunde etwas zu essen und sogar ein paar Süssigkeiten aufgetrieben. Dann begannen sie zu singen, nicht «Stille Nacht», sondern das ganze Repertoire der Lieder der Arbeiterbewegung mit ihrem Lob der Solidarität und dem Versprechen neuer und besserer Zeiten.

Wann wir schreiten Seit' an Seit'
und die alten Lieder singen,
und die Wälder widerklingen,
fühlen wir, es muss gelingen:
Mit uns zieht die neue Zeit!

Der Refrain kehrte immer wieder; er wurde mein Weihnachtslied. Wir fühlten uns zugehörig zu einer Gemeinschaft, die keine Uniformen und Marschkolonnen brauchte, sondern auf einfachen Banden der Kameradschaft und des Mitgefühls beruhte.

Der Januar 1945 war eisig und düster. Eines Tages kam meine Mutter zu Besuch. Ich habe noch die gestempelte Bescheinigung, die ihr «im Beisein eines Beamten die Erlaubnis [gibt], mit dem in der Haftanstalt/Polizeigefängnis einsitzenden Häftling Ralf Dahrendorf 10 Min. zu sprechen». Die Zeit reichte gerade, um ihr zu sagen, dass es mir gut geht und sie sich keine Sorgen zu machen braucht. Das machte ihr zweifellos wenig Eindruck.

Gegen Ende des Monats wuchs die Spannung im Lager. Genaues wussten wir nicht, aber das Gefühl breitete sich aus, dass das Ende naht. Am 29. kam das Artilleriefeuer näher und unsere Wächter wurden sichtlich nervös. Kommissar Kienert holte uns zu dem Büro am Lagerausgang. Er hielt uns eine gestrenge Rede mit der Pointe, dass wir nie wieder eine deutsche höhere Schule besuchen dürften. Dann gab er uns eine ordnungsgemäss gestempelte und unterzeichnete Bescheinigung über unsere Zeit als Häftlinge; diese konnte auch als Reisegenehmigung und Fahrkarte benutzt werden. Er sagte noch, wir sollten uns davonmachen, und das brauchte er uns nicht zweimal zu sagen. Wir rannten in Richtung Oderbrücke, und als wir sie erreichten, kletterten wir auf einen der letzten Flüchtlingszüge aus den schon von sowjetischen Truppen besetzten Gebieten im Osten. Bald ratterte der Zug über die Brücke in Richtung Berlin.

Später behauptete mein Freund Poldi, dass sein Vater eine Art Geschäft mit unseren Bewachern gemacht hätte, um uns herauszuholen. Das mag wohl sein, denn sein Vater verstand es, Geschäfte zu machen, und in den letzten Monaten des Krieges waren auch SS-Offiziere ihnen nicht abgeneigt. Einer zum Beispiel versuchte viele Wochen lang, mit dem zum Tode verurteilten Julius Leber eine Abmachung zu treffen, wonach er den Todgeweihten am Leben halten würde, wenn Leber verspreche, ihn nach dem (verlorenen!) Krieg vor Rache und Recht zu bewahren. Leber liess sich auf derlei nicht ein. Fast könnte man sagen, er war ein zu aufrechter Mann, denn niemand hätte es ihm verübeln können, wenn er seine Seite des Tausches nicht eingehalten hätte. Am 5. Januar 1945, zweieinhalb Monate nach Adolf Reichwein und Hermann Maass, wurde Julius Leber in Plötzensee hingerichtet. Doch sehe ich uns zwei Kinder nicht als Objekt solcher satanischer Arrangements. Da mir auch sonst Verschwörungstheorien fremd sind, gehe ich davon aus, dass unsere Entlassung aus dem Lager ebenso willkürlich war wie die Einweisung sieben Wochen zuvor.

Nach Kriegsende korrespondierte ich mit einem der Mithäftlinge, der inzwischen zum kommunistischen Parteifunktionär avanciert war. Er schrieb mir, dass die Lagerbaracken wenige Stunden nach unserer Entlassung in Brand gesteckt wurden. Eine Reihe von Häftlingen kam dabei ums Leben; die Mehrzahl wurde auf den langen Marsch nach Buchenwald geschickt, wo sie am Lageraufstand zur Selbstbefreiung teilnahmen, bevor die Amerikaner sie endgültig befreiten.

Zweimal war ich seitdem in der Gegend, mit der ich so viel Todesangst und zugleich Solidaritätsgefühl verbinde. 1973 reiste ich mit zwei Freunden im Wohnwagen durch Polen. Wir suchten und fanden das Lagergelände in Swiecko, doch gab es da nur ein vermoderndes Holzkreuz und allerlei Scherben. Eine Milchglasscherbe nahm ich zur Erinnerung mit, bevor ich der polnischen Regierung – ich war damals Europa-Kommissar – anbot, ein angemessenes Denkmal privat zu finanzieren. Die Regierung liess mir durch den deutschen Botschafter mitteilen, «dass für Denkmäler dieser Art Gelder aus fremden Ländern nicht entgegen genommen werden». Heute steht ein einfaches und würdiges Denkmal auf dem Gelände. Allerdings haben die polnischen Behörden meinem Wunsch nicht entsprochen zu erwähnen, dass auch Deutsche in dem Lager inhaftiert waren. Rasch wachsende Pappeln machen es schwer, den eisigen Januar und die Zeit der Todesangst ins Gedächtnis zurückzurufen.

Das Gefängnis in Frankfurt ist in eine Musikakademie verwandelt worden, wobei ein Trakt als Museum erhalten bleibt. Eine Zelle erinnert an die Opfer der Nazis. Ich war überrascht, mein Photo dort zu finden, als ich im Jahr 2000 als Gast der Viadrina-Universität zum ersten Mal an die schlimme Stätte zurückgekehrt war. Noch erschütternder war indes die Entdeckung, dass das Gefängnis nach dem Krieg zuerst von der sowjetischen Geheimpolizei und dann vom DDR-Staatssicherheitsdienst benutzt worden war. Da gab es vermutlich die Unterschiede nicht mehr zwischen preussischer Korrektheit und Geheimpolizei-Willkür.

Das alles lag indes weit in der Zukunft, war nicht einmal Ahnung, als unser Güterzug voller desolater Flüchtlinge seine ruckelnde Reise nach Berlin fortsetzte. Als er in der Nähe von Müncheberg anhielt, sprangen Poldi und ich ab und machten uns stolpernd und rennend auf die getrennten Wege zu unseren jeweiligen Familien. Erschöpft und verfroren kam ich spätabends an jenem 29. Januar 1945 in der Pension Sass in Buckow an. Meine Mutter warf einen Blick auf mich, dann steckte sie mich ins Bett und traf alle Vorbereitungen, um am nächsten Morgen nach Berlin zu fahren. Einmal mehr brauchten wir vor allem Anonymität. Es gab gespannte Momente unterwegs, als die Militärpolizei den Zug nach Deserteuren durchsuchte, aber wir kamen ungeschoren zu unserem Häuschen in Onkel Toms Hütte, wo ich in den folgenden Monaten mehr oder weniger untertauchte.

10 *Zwischenakt zur Anomie*

Anomie ist bei Soziologen ein beliebter Begriff, aber ich glaube nicht, dass sich viele darunter etwas vorstellen können. Das dem Griechischen entlehnte Wort bedeutet schlicht das Fehlen von Gesetzen (*nomoi*), also Regellosigkeit. Der grosse französische Soziologe Emile Durkheim stellte schon 1897 in seinem Buch über den Selbstmord fest, dass viele den Zustand der Anomie schwer ertragen können. Wir brauchen die moralischen Bindungen des sozialen Zusammenhalts; wir brauchen Gesellschaft. «Aber wenn Gesellschaft gestört wird durch eine schmerzhafte Krise oder auch durch gutgemeinte aber abrupte Veränderungen, ist sie vorübergehend ausserstande, diesen Einfluss auszuüben; daher kommt der plötzliche Anstieg in der Kurve von Selbstmorden.»

Auch Durkheim konnte sich Anomie nicht wirklich vorstellen, aber wer vom Februar bis zum Mai 1945 in Berlin gelebt hat, der kann davon eine Geschichte erzählen. Sie wird dadurch noch drastischer, dass der Weg zur Gesetzlosigkeit mit der äussersten Ausweitung, wenn nicht der Gesetzlichkeit, so doch der Kontrolle begann. Nazi-Deutschland im Krieg kam der Wirklichkeit des totalen Staates so nahe wie sonst nur Stalins Sowjetunion und später vielleicht Nordkorea. Anfang 1945 indes begann das Kontrollsystem zu bröckeln. Ich habe schon von dem Tauschgeschäft gesprochen, das Julius Leber angeboten wurde. Noch war der Terror der Herrschenden ungebrochen; in Auschwitz lief die Todesmaschinerie bis zur Befreiung des Lagers auf höchsten Touren;

aber schon schlich sich überall Willkür ein, willkürliche Gnadenakte, willkürliche Untaten.

Ein Junge in der Nachbarstrasse, ein rabiater Nazi, den ich beim Spaziergang traf, fauchte mich an: «Man sollte dich umbringen!» Ob er es tun würde, wusste man nicht. Eines Tages erschien Gerhard aus Buckow. Er hatte einen Gestellungsbefehl, doch statt sich zu stellen, war er gekommen, um zu fragen, ob er bei uns abtauchen könne. Das war nicht ungefährlich, doch überstand er die Wochen am Süntelsteig. Von Schule war nicht mehr die Rede, aber auch nicht von Hitler-Jugend. Die Frauen im Nachbarhaus, eine hübsche Mutter mit einer noch hübscheren Tochter, hatten häufig SS-Besuch empfangen, der nun ausblieb. Bald sollten sie weisse Bettlaken zum Zeichen der in ihrem Fall wirklich bedingungslosen Kapitulation aus dem Fenster hängen.

Aber ganz so weit war es noch nicht. Eines Tages im März 1945 bekam meine Mutter eine Besuchsgenehmigung für das Zuchthaus Brandenburg und beschloss wider alle Vernunft, mich mitzunehmen. Nur so konnte sie dem besorgten Vater beweisen, dass ich wirklich wieder zu Hause und unversehrt war. Irgendwie schafften wir die Hin- und Rückfahrt, aber das Bild meines Vaters, in Sträflingskleidung und während der erlaubten zehn oder fünfzehn Minuten neben dem sitzenden Beamten stehend, hat mich nie losgelassen. Avishai Margalit hat recht, die Erniedrigung von Menschen ist ein untrügliches Zeichen für das Ende der anständigen Gesellschaft.

Die Luftangriffe auf Berlin gingen weiter. Ich sass währenddem in meiner Dachkammer und skribbelte entlegene Dinge, ein Dramolett zum Beispiel mit dem verräterischen Titel «Genie!». Dann aber veränderte sich das Geräusch des Krieges. Jetzt waren es nicht mehr Fliegerbomben, sondern Artilleriegeschosse. Sie trafen unsere Siedlung nicht, aber sie kamen näher. Gerüchte schwirrten. «Sie sind über den Teltowkanal gekommen.» «Am Hohenzollerndamm sind schon Russen.» Und dann der Tag, an dem zwei russische Offiziere unsere Strasse herauf kamen. Vielleicht stimmten die weissen Laken am Nachbarhaus sie gnädig, jedenfalls sprachen sie deutsch und erwiesen sich als zugänglich.

Doch war das nur der täuschende Anfang, die Frontlinie, der eine zweite Welle von ganz anderem Zuschnitt folgte. Mit ihr begann die Willkür. Zuerst ging die Angst um die Frauen um. Wir schnitten mit Metallscheren Lücken in die Gartenzäune, so dass Frauen hinter die Häuser fliehen konnten, wenn vorne Soldaten eindrangen. Der Nachbar schräg gegenüber erschoss seine Frau und sich; der Weltkriegsoffizier konnte die Scham der Niederlage nicht ertragen. Ein paar Kilometer weiter, in Wannsee, wurde unser Waldsieversdorfer Prof Pflug mit seiner Frau im Eingang seines Hauses von russischen Marodeuren erschossen; «irrtümlich» wie es dann hiess.

Die Willkür hatte ihre grotesken Seiten. Am Quermatenweg, am Ende unserer Strasse, sah ein sowjetischer Soldat hoch zu Ross eine weinende Frau. Er fragte sie, was sie denn so bedrücke. Sie erzählte ihm, dass sein Kamerad ihr das Fahrrad weggenommen habe. Der Soldat stieg vom Pferd, gab der Frau die Zügel in die Hand und sagte: «Nimm das!» Den Tränen folgte die Fassungslosigkeit.

Gerüchte ersetzen in solchen Zeiten alle genauen Informationen. Der Himmel weiss, wie wir es hörten, aber es hiess, dass im Jagdschloss Grunewald Lebensmittel lagerten. Gerhard und ich machten uns auf den Weg und ergatterten tatsächlich ein grosses Tablett voll Fleisch; es mögen dreissig Pfund gewesen sein. Auf dem Rückweg wäre beinahe ein Unglück passiert. Wir überholten auf der Strasse einen Gefangenenzug, der von einer Handvoll sowjetischer Soldaten halbwegs bewacht wurde. Zwei sahen uns und gestikulierten, wie sollten uns dem Zug anschliessen. Es gab einen Disput mit dem Wachoffizier, der am Ende fragte: «Woher seid ihr gekommen?» Hätte ich nicht einer blitzartigen Eingebung folgend in die Gegenrichtung gezeigt, in die der Zug marschierte, dann wären wir vielleicht für viele Jahre in sowjetischen Gefangenenlagern gelandet. So drehten wir um und suchten mit unserem Fleisch einen Weg durch Gebüsch und Wald.

Das nächste Gerücht liess uns zur «Ladenstrasse» laufen, den Geschäften in der U-Bahn-Station Onkel Toms Hütte. Als wir kamen, waren die meisten schon ausgeplündert; Leute waren dabei, die Ladentische zu demontieren und mitzunehmen. Von den Eigentümern oder Pächtern gab es keine Spur. Nur im Buchladen war noch etwas zu holen. Schon sah man ein, zwei Bibliophile – oder doch Biblioklepte? – mit verdächtigen Säcken herauskommen. Ich suchte mir meine Ware sorgfältig aus und entkam mit einem Packen von Gedichtbänden mit schönen Titeln wie «Von Zeit zu Ewigkeit» und «Das unendliche Sehnen». Die romantischen Anthologien stehen noch heute in meinen Regalen.

Sagte ich, ich «entkam»? Das ist der falsche Ausdruck, denn es gab weder Gesetze noch Gesetzeshüter. Anomie herrschte. Deutsche haben das Ende des Nazi-Regimes und des Krieges auf vielfach unterschiedliche Weise erlebt. Für manche blieb nichts mehr wie es war; als Marion Gräfin Dönhoff viel später in die Gegend ihres Familiengutes Friedrichstein in Ostpreussen kam, konnte sie das ertragen, weil im Wortsinn nichts mehr zu sehen war. Andere erlebten einen geradezu geordneten Übergang; die Hamburger zum Beispiel, bei denen der Rundfunksender nur für wenige Minuten der förmlichen Übergabe an die Briten stumm blieb und der Gauleiter für die Besatzer im Hotel Atlantic ein Abendessen anrichten liess. In Berlin herrschte Anomie (wenn das nicht zu paradox ist), das heisst es herrschte niemand, und Gesetze gab es auch nicht, bis dann die ersten Verordnungen der Sowjetischen Militär-Administration das Vakuum füllten.

II *Die Stunde Eins*

In Berlin zumindest gab es also die Stunde Null, aber bekanntlich dauert das Vakuum nicht. Die Stunde Eins markiert das Ende der Anomie und den Beginn einer neuen Ordnung. Fast ein halbes Jahrhundert später, nach der Revolution von 1989, nannten die dem Kommunismus entkommenen Osteuropäer den Vorgang «Normalisierung». In Berlin 1945 begann die Normalisierung stockend und ohne deutliche Perspektive. Das galt noch ausgeprägter für unsere Familie, und ich selbst fand mich nur mühsam in einen normalen Lebensrhythmus. Auch das habe ich nach 1989 wieder erlebt, dass manche der besten Freunde mit der Normalisierung nicht zurechtkamen. Das Aussergewöhnliche, das andere lähmt, hatte sie zur vollen Blüte gebracht; das Gewöhnliche verwirrte sie und machte sie ratlos. Bald begannen sie, Krisen zu erfinden, um sich wiederzubeleben.

1945 in Berlin allerdings brauchte man Krisen nicht zu erfinden. Die ersten Anordnungen der sowjetischen Militär-Administration unterstrichen die kritische Lage. Zum Beispiel wurde befohlen, dass alle Radioapparate abzuliefern waren, was uns zwang, das Saba-Gerät, das uns den Krieg hindurch mit der Welt, vor allem der BBC verbunden hatte, zu «schlachten» und die Eingeweide auf die Strasse zu stellen. Das «Schlachten» bedeutete vor allem, dass wir den Holzkasten, in dem die metallene Mechanik steckte, zu Feuerholz zerhackten, um im Waschkessel das von Gerhard und mir herbeigeschaffte Fleisch zu kochen und dadurch für eine Weile haltbar zu machen.

Die Normalität von unten, vor Ort, begann mit einfachen Dingen. Meine Mutter hatte mir geraten, mich bei der örtlichen Besatzungsbehörde als hilfsbereit zu melden, was zur unmittelbaren Folge hatte, dass ich zum Strassenobmann für den Süntelsteig ernannt wurde. Das Amt bedeutete, dass ich von Haus zu Haus gehen und dort die neuesten Informationen über Lebensmittelzuteilungen und Anordnungen der Militär-Administration verbreiten musste.

Es ist die Rede von den frühen Maitagen des Jahres 1945. Noch hatten wir nichts von meinem Vater gehört. Telephone, Post, Autos, öffentliche Verkehrsmittel gab es nicht. An einem Tag Mitte Mai kam er in einem russischen Jeep mit Sack und Pack und erzählte uns seine Geschichte. Am 1. oder 2. Mai waren russische Panzer in den Hof des Zuchthauses Brandenburg eingefahren. Die Luke im Turm des ersten Panzers öffnete sich, und der Offizier, der herausstieg, rief: «Demonstration – durch das Dorf!» Die «Kriminellen» machten sich davon. Für die «Politischen» war der Marsch durch Brandenburg das letzte, was die ausgemergelten Gestalten brauchten. Auch der lange Weg nach Berlin, teils zu Fuss, teils in Armeelastwagen, bekam vielen nicht gut, denn sie assen und tranken zu viel zu rasch. Manche liessen ihr Leben auf diesem Weg. In Berlin wurden den Übriggebliebenen von der sowjetischen Militär-Administration sogleich Aufgaben zugeteilt. Mein Vater wurde Leiter der Zentralen Kohlenstelle der Stadt. Ein Gebäude des Magistrats wurde ihm zugewiesen, aber Leute, die das Nötige hätten tun können, gab es nicht. Mein Vater könne sie sich von der Strasse holen, wurde ihm bedeutet. Er hatte schon einige Tage mit der Aufgabe verbracht, bevor er nach Hause kommen konnte.

Immerhin, er hatte überlebt. Er wusste, dass er wahrscheinlich mit dem Leben davonkommen würde, als er sich nach seinem Prozess in den Händen von preussischen Gefängnisbeamten fand. Die waren zwar von freudloser Strenge, aber nicht persönlich brutal. Auch Erich Honecker, der spätere DDR-Staatsratsvorsitzende, überlebte im Zuchthaus Brandenburg. Eine Erholungspause gab es jedoch 1945 nicht. Als die Sowjets an den Aufbau einer Verwaltung für ihre Zone gingen, wurde Vater zum Vizepräsidenten der Zentralverwaltung für Brennstoffversorgung. Vor allem aber widmete er sich dem Aufbau der Sozialdemokratischen Partei. Auch in ihr wurde er stellvertretender Vorsitzender; der Vorsitzende hiess Otto Grotewohl.

Ich ging mittlerweile meinen Pflichten als Strassen-Obmann nach. Manchmal führten diese hart an den Rand des Gebotenen; die beiden alten Damen am anderen Ende unserer Strasse bekamen auch dann Besuch von mir, wenn ich wenig Neues mitzuteilen hatte, denn sie gaben mir stets eine Schachtel der von ihnen im Polster ihrer Sessel gehorteten Zigaretten. Schulen gab es noch nicht wieder. Wohl aber wurde ich eines Tages aufgefordert, mich auf dem Schulhof des Zehlendorfer Gymnasiums einzufinden. Dort wurden ein kommunistischer Photograph – ein Photograph und Kommunist – namens Enno Kind und ich in eine neue Aufgabe eingewiesen. Auf dem Schulhof standen Säcke mit Mehl, Kisten mit Fleisch und Tonnen mit Öl. Mit Hilfe einiger von russischen Soldaten gesteuerter Lastwagen sollten wir dafür sorgen, dass diese an 22 Verteilungsstellen in Zehlendorf deponiert und dort der Bevölkerung zugänglich gemacht wurden. Enno Kind, ein liebenswerter, eher weicher Überlebender, dessen langes schwarzes Haar ihn als Intellektuellen und Antifaschisten auswies, dirigierte das Unternehmen als Ernährungsdezernent. Ich, der gerade sechzehnjährige blonde Jüngling begleitete als sein Stellvertreter die Fahrer auf dem Weg und profitierte dabei von dem groben Machorka-Tabak in ihren Taschen, den wir in Zeitungspapier zu gemeinsam genossenen Zigaretten drehten.

Das alles währte nur Tage, allenfalls zwei, drei Wochen. Noch hatte ich den *propusk* in der Tasche, die Genehmigung der Militär-Administration, abends trotz Ausgangssperre auf der Strasse zu sein, als die Schule wieder begann. Da sassen wir nun auf den Schulbänken, ich mit *propusk* und dem Ausweis als «Opfer des Faschismus», mein Banknachbar mit dem EK II, dem Eisernen Kreuz zweiter Klasse, manche mit Kriegsverwundungen, alle mit lastenden Erinnerungen. Zwei, drei Monate später musste ich vor der versammelten Schule eine Rede halten, meine erste Rede, in der ich über das zurückliegende Jahr reflektierte. Es wurde eine Rede, die alle einzuschliessen suchte. «Ist nicht eigentlich unser ganzes deutsches Land ein einziges Opfer des Faschismus?» Doch sprach ich auch von denen, die die Hitler-Tyrannei nicht einfach hingenommen hatten. War ihr Opfer vergebens? Sicher nicht, sagte ich, denn sie haben die Flamme der Freiheit und Menschlichkeit wachgehalten und damit den Weg in eine bessere Zukunft gewiesen.

Was war das für eine Zukunft? Poldi gab seinem Bericht über diese Zeit viele Jahre später den Titel: «Vom Traum zur Wirklichkeit der Freiheit». Darin erzählt er, wie wir im Lager Schwetig besprachen, «dass, wenn wir jemals rauskommen sollten – wir uns nach dem Kriege mit einer Zeitung für eine demokratische Erziehung der Jugend einsetzen würden, die wir ‹Die Kommenden› nennen wollten». Er gründete dann tatsächlich eine Zeitung, die unter dem Namen ‹Horizont› ein paar Jahre lang die literarisch-politische Diskussion in Berlin bereicherte. Er erhob öffentlich seine Stimme, vor allem als (wie er es sah) Kommunisten begannen, das Erbe des Nazi-Verfolgten zu verraten. Gemeinsam mit Katharina Leber verfasste er schon 1947 einen Aufruf gegen die «Haft- und Strafmethoden in den häufig in den ehemaligen KZs eingerichteten Internierungslagern» der Kommunisten.

Der Verlag, in dem der ‹Horizont› erschien, publizierte auch medizinische Fachzeitschriften und Bücher. Das war für Eduard Grosse sen., Poldis Vater, und viel später auch für ihn eine Art Lebensversicherung. Das Leben selbst aber brachte Poldi mit anderen Dingen zu, jahrelang als Vizepräsident einer amerikanischen Firma in der Management-Beratung. Vor seiner Rückkehr nach Deutschland, wo er vorübergehend in der FDP politisch tätig wurde, lebte er viele Jahre in den Vereinigten Staaten. Als er mir Weihnachten 1996 seinen Bericht über die Jahre 1943–1948 schickte, widmete er ihn mit einer charakteristischen Mischung von Stilen: «Lieber Ralf, By Jove – wie lange ist das her! Aba wia leben noch, mon cher! Dein Eduard.»

Wir leben noch (mit oder ohne berlinisches «wia»). Das war in der Stunde Eins fast schon alles, was sich an Normalisierung bewerkstelligen liess.

12 *Wenn Sowjets Geschenke bringen*

Noch im Juli 1945 veränderte sich in Berlin das Besatzungsregime. Den in Jalta bestätigten Abmachungen der Kriegsalliierten gemäss zogen sich die Sowjets aus den westlichen Stadtbezirken zurück. In Onkel Toms Hütte, wie in ganz Zehlendorf, rückten Amerikaner als Besatzer ein. Für uns bedeutete das ein Aufatmen, mit kleinen Stockungen. Ich hatte erstaunlicherweise meine Armbanduhr durch die ganze Zeit der russischen Besetzung und Besatzung gerettet, was nur wenigen gelang. Eines Tages nun, nach dem Wechsel, kam ich von der Schule nach Hause. An einer besonders dunklen Stelle des Weges hielt mich ein amerikanischer Soldat an und verlangte meine Uhr. Es war wohl mehr ein Fall von Strassenräuberei, aber ich dachte auch an unsere Schüler-Taten in Zakopane, als ich das Armband löste und ihm mein Prachtstück aushändigte.

Übrigens waren die Russen keineswegs aus unserem Leben verschwunden, schon weil mein Vater seine Zentralverwaltungs- wie auch seine Parteitätigkeit im Osten der Stadt und unter Aufsicht der sowjetischen Administration ausübte. Dennoch kam die folgende Episode überraschend.

Eines Tages – und dies ist nicht erfunden, so unwahrscheinlich es für Leser dieser Geschichten klingen mag – kam ich von der Schule nach Hause und fand dort einen Mann mit fremdem Akzent. Der ungebetene Besucher war ein Russe. Er schickte meine Mutter hinaus und erzählte mir dann, in meiner Klasse gebe es «Werwölfe», also (bewaffnete?) junge Nazis, und als guter

Antifaschist sei ich doch sicher bereit, dabei zu helfen, sie zu identifizieren.

Ich war inzwischen vernehmungserfahren; ausserdem gab es nichts zu berichten. Doch die Wiederkehr des Gleichen nahm fast gespenstische Züge an. Ich sollte mir das gut überlegen; er würde mich nächste Woche von der Schule abholen und erwartete dann Informationen. Nicht einmal mein Vater als Spitzenfunktionär in der Sowjetischen Zone konnte die erneute Begegnung verhindern. Dieses Mal erschien der «Freund» mit einem anderen. Bei den Fragen ging es bald nicht mehr um «Werwölfe» in der Schule, sondern um Näherliegendes, also um meine Eltern. War wirklich noch kein Jahr vergangen seit der letzten Erfahrung dieser Art?

Wenn wir nicht im amerikanischen Sektor gewohnt hätten, wäre jetzt wohl die erneute Verhaftung fällig gewesen. Auch so fehlte es nicht an bedrohlichen Untertönen. 1991, als die Archive der Kommunisten für westliche Forscher geöffnet wurden, schickte mir Timothy Garton Ash ein Dokument, das er im Zentralen Parteiarchiv der SED im Nachlass von Wilhelm Pieck, dem führenden Kommunisten und ersten Präsidenten der DDR, gefunden hatte. Die handschriftlichen Notizen datieren vom (23.? 24.?) Februar 1946:

> «Gustav Dahrendorf nach Hamburg, demissioniert von allen Ämtern, weil er und seine sozialdemokratischen Freunde keine Möglichkeit sehen, dass die SP sich in der neuen Partei durchsetzt gegenüber der KP.
> Brief an Grotewohl und Gniffke am 17.2. =
> nicht Fahnenflucht.
> Fahne drüben im Westen, nicht gegen Euch.
> Material über ihn bei K. - - Flickkonzern –
> Junge Ralf – Nov. 16 Jahre, sollte fürs NKWD – in Wohnung –
> Frau von Dahrendorf ist der Treiber.»

Mit all ihren Ungenauigkeiten ist dies doch eine Schaudern erregende Notiz. Ich war schon im Mai 16 geworden, und meine Mutter war gewiss nicht der «Treiber». Aber es sieht doch so aus, als sollte ich für den sowjetischen Geheimdienst zur Denunziation meines Vaters angeworben werden.

Die Geschichte, die hinter der Pieck-Notiz steckt, ist mehrfach und gründlich geschildert worden. Nur ihre persönliche Seite ist hier von Interesse; diese allerdings führt noch einmal tief in die Verstrickungen der Unfreiheit.

Mein Vater kam aus dem Zuchthaus mit der nachdrücklichen Erinnerung an Wilhelm Leuschners letzte Mahnung vor seiner Ermordung durch die Nazis: Schafft mir die Einheit! Als die Parteien in der sowjetischen Zone neu gegründet wurden, war er enttäuscht, dass es nicht gleich eine vereinigte Arbeiterpartei gab. Umso intensiver beteiligte er sich an der Schaffung übergreifender Organisationen von der «Antifaschistischen Front» bis zum «Demokratischen Kulturbund». In seinen ersten öffentlichen Reden forderte er immer wieder die Vereinigung der Linksparteien.

Aber auch er war ein gebranntes Kind. Wo auch nur die geringsten Zeichen der Diktatur aufschienen, sträubte sich sein Gefieder. Im Sommer und Herbst wurde ihm zunehmend klar, dass die Kommunisten mit Hilfe der sowjetischen Besatzungsmacht ein finsteres Spiel trieben. Die Führer der ostzonalen KPD waren aus der Moskauer Emigration in dem Glauben zurückgekehrt, sie würden bei halbwegs freien Wahlen ohne grosse Mühe die Mehrheit gewinnen. Bald stellte sich heraus, dass das eine Fehleinschätzung war. In der Sowjetzone gab es zwar keine politischen Wahlen, aber selbst bei Betriebsrätewahlen schnitten die Sozialdemokraten deutlich besser ab als die Kommunisten. Überdies schreckte das Beispiel der osteuropäischen Länder, in denen die Kommunisten bei Wahlen regelmässig das Nachsehen hatten.

Also veränderte sich die Strategie. Um die Macht zu erhalten, wurde in Erinnerung an die Volksfront-Taktik der 30er Jahre die antifaschistische Einheit beschworen, die sich bald als stalinistisches Herrschaftsinstrument erwies. In Ostdeutschland machten die Kommunisten eine Wende um 180 Grad. Nun waren sie es, die die Einheit der Arbeiterparteien verlangten und kräftigen Druck auf Sozialdemokraten ausübten, um diese so rasch wie möglich herbeizuführen. Mein Vater, der das böse Spiel wohl durchschaute, wechselte seinerseits die Position und verteidigte nun die Unabhängigkeit einer freien Sozialdemokratie. Gegen Ende des Jahres 1945 spitzte die Lage sich zu.

Die Frage, ob die westdeutsche SPD unter Kurt Schumacher mehr hätte tun können, um den ostdeutschen Genossen zu helfen, wird unter Historikern umstritten bleiben. Zweimal trafen mein Vater und der Ost-SPD-Vorsitzende Otto Grotewohl mit Kurt Schumacher zusammen, um ihn von dem Plan zu überzeugen, einen gesamtdeutschen Parteitag einzuberufen, bei dem die Ost-SPD Schutz unter dem Mantel einer SPD für alle Besatzungszonen finden könnte. Schumachers harter Antikommunismus und der Verdacht beider Seiten, es ginge vor allem um persönliche Machtpositionen, liessen die Absicht scheitern. Später sollte die Erfahrung zu einer dauerhaften Entfremdung zwischen meinem Vater und Schumacher führen, die dem Vater eine westdeutsche politische Karriere erschwerte.

Zwei Erinnerungen aus dieser Zeit sind bei mir besonders lebhaft geblieben. (Dieses Mal war ich ganz in die väterlichen Erwägungen einbezogen und häufig dabei, wenn brennende Fragen erörtert wurden.) Die erste Erinnerung ist die an Weihnachten 1945. Vor unserem Haus fuhr ein sowjetischer Jeep vor, und zwei Leute brachten uns allerlei Pakete mit Wurst und Schinken, Krimsekt und Kaviar, Zigaretten und anderem, was das Herz begehrte. Ein Geschenk der Militär-Administration in Karlshorst. In der Familie brach eine gefühlsgeladene Diskussion los. Wir nagten nicht am Hungertuch, aber die Wohltaten waren höchst willkommen. Indessen argumentierten meine Mutter und ich, dass wir nichts davon essen und trinken dürften, sondern alles zurückschicken müssten. Wir liessen uns nicht durch die Stalinisten bestechen. Mein Vater sah die Sache gelassener. Er war dafür, die Gaben anzunehmen. «Geniessen wir die guten Dinge, woher sie auch kommen, denn das ändert meine Meinung und mein Verhalten um keinen Deut; und wenn wir hier weg müssen, kann es nichts schaden, vorher noch einmal gut gegessen zu haben.» Wir blickten ihm in die Augen und hatten keinen Zweifel, dass die willkommenen Gaben ihn wirklich um keinen Deut von seiner Überzeugung abbringen würden.

Die andere Erinnerung ist die an nächtliche Gespräche in unserem Wohnzimmer. Eigentümlicherweise lebten sowohl Otto Grotewohl als auch der SPD-Vorstandskollege Erich Gniffke in Nachbarstrassen derselben Siedlung in Onkel Toms Hütte. In den ersten Wochen des Jahres 1946 kamen die drei Männer immer wieder zusammen, um eine Frage zu erörtern: Sollten sie, ihrer Überzeugung gemäss, ihre Ämter aufgeben, oder könnten sie, wenn sie blieben, Schlimmeres verhindern? Mein Vater war es vor allem, der immer wieder an diejenigen erinnerte, die 1933 in Amt und Würden geblieben waren, um Schlimmeres zu verhindern, und doch nichts verhindern konnten. An dieser Frage schieden sich am Ende die Geister. Leider – leider für die vielen Betroffenen in der späteren DDR – behielt mein Vater recht. In Diktaturen werden die Gutgläubigen entweder Opfer oder, schlimmer noch, Mittäter.

Nicht dass «gutgläubig» eine hinlängliche Beschreibung der beiden Kollegen meines Vaters, Otto Grotewohl und Erich Gniffke, wäre! Gniffke war im Kern ein anständiger Mann, mit einem leichten Hang zum Unseriösen. Es kitzelte ihn wohl, durch den Gang der Dinge in die Höhenluft der Macht zu geraten. Zugleich belastete ihn der Preis, den er und den vor allem andere dafür zahlen mussten. Nach ein paar Jahren in der Gipfelregion der DDR floh er in den Westen und gründete eine florierende Firma in der Eifel, die Schottersteine zum Strassenbau lieferte. Grotewohl hingegen gehörte zu den gefährlichen Feiglingen, die alle Grundsätze aufzugeben bereit sind, wenn sie nur von Mächtigeren gestreichelt werden. Als mir die «Frankfurter Allgemeine Zeitung» später den Proust-Fragebogen mit der Frage vorlegte, «Welche geschichtlichen Gestalten verachten Sie am meisten?», hiess meine Antwort: von Papen, Grotewohl. Also nicht die grossen Untäter, Hitler, Stalin, sondern diejenigen, die ihnen unter dem Vorwand des Anstandes den Weg bereiteten. Grotewohl, der mit meinem Vater einer der jungen sozialdemokratischen Abgeordneten des letzten Weimarer Reichstages gewesen war, wurde weiches Wachs in den Händen der Kommunisten, schon bevor sie ihn zum Ministerpräsidenten der neugegründeten DDR gemacht hatten. Es war also ein durchaus ungleiches Trio, das da in unserem Wohnzimmer die Zukunft der ostdeutschen SPD erörterte.

Das Ende der Geschichte wurde noch einmal dramatisch. Die Schlüsselabstimmungen im Zentralausschuss der SPD gingen hin und her. Einmal hatte mein Vater die Mehrheit für seinen Antrag, die neuerliche Bedrohung festzustellen und im Lichte des kombiniert kommunistisch-sowjetischen Drucks die SPD unter Protest aufzulösen. Dann wieder hatte Otto Grotewohls Antrag die Mehrheit, dem gerade tagenden Gewerkschaftskongress mitzuteilen, die SPD sei zu Gesprächen mit der KPD über eine Vereinigung der Parteien bereit. Grotewohls Position obsiegte, nachdem der sowjetische Kontrolloffizier den führenden Sozialdemokraten auseinandergesetzt hatte, es ginge auch ohne sie, denn ein neuer und williger Vorstand könne mühelos in wenigen Tagen bestellt werden.

Mein Vater kam nach Hause. Wir waren stolz auf ihn. Bald klingelte das Telephon. Das sowjetische Hauptquartier in Karlshorst forderte ihn auf, umgehend zu einem Gespräch zu kommen. Mein Vater rief einen amerikanischen Offizier an, den er gut kannte. Der Hauptmann, ein jüdischer Emigrant, der nicht nur deutsch sprach, sondern sofort verstand, was gespielt wurde, kam innerhalb von Minuten, legte seine Dienstpistole auf den Kaffeetisch und versicherte uns, er würde das Haus erst verlassen, wenn wir in Sicherheit wären. Es hiess, dass russische Offiziere in amerikanischen Uniformen in der Woche zuvor einen Politiker aus der amerikanischen Zone Österreichs entführt hätten; so etwas sollte nicht noch einmal geschehen.

Aber was hiess «in Sicherheit»? Eine Entscheidung mit beträchtlichen Folgen war innerhalb von Stunden zu treffen. Sie war auch für mich von Belang. Ich hatte gerade die Vorbereitungen für mein Abitur begonnen, das ich mit Hilfe wohlwollender Lehrer und der besonderen Umstände der ersten Nachkriegs-Oberprima noch in diesem Frühjahr absolvieren würde. Jetzt Berlin zu verlassen bedeutete neue Ungewissheit. Doch spürte ich wohl, dass die Gespräche diesen Verlauf nahmen. Zwei britische Offizierskollegen hatten sich jetzt zu unserem amerikanischen Freund gesellt. Es wurde viel telephoniert, und Autos kamen und fuhren wieder davon. Unsere Beschützer waren sich darin einig, dass es in Berlin keine Sicherheit für uns geben könne, jedenfalls nicht auf absehbare Zeit.

Am Abend des dramatischen Tages war die Entscheidung gefallen. Mein Vater und ich als die unmittelbar am stärksten gefährdeten Mitglieder der Familie sollten am nächsten Morgen mit einer britischen Militärmaschine von Gatow ausfliegen. Am Ende würde die Reise nach Hamburg führen. Meine Mutter und mein Bruder sollten noch ein paar Tage bleiben, um unsere Dinge zu ordnen. Indes würden sie während dieser Zeit von amerikanischen Soldaten bewacht werden, um uns dann nach Hamburg zu folgen. Tatsächlich erlebten sie eine eher missliche Woche, denn die meisten der sie bewachenden Soldaten wussten nicht recht, ob sie die beiden schützen oder in Haft halten sollten. Indes fanden wir uns eine Woche später wohlbehalten in Hamburg wieder zusammen.

Früh am nächsten Morgen vollendeten mein Vater und ich unser wohlorganisiertes Entkommen. Die Dakota von Berlin-Gatow war das erste Flugzeug, in dem ich geflogen bin, keine Passagiermaschine, denn sie war nur mit zwei langen Sitzreihen für Fallschirmtruppen ausgestattet. Sie flog übrigens nicht nach Hamburg, sondern nach Hannover, wo uns ein britisches Militärauto erwartete.

13 *Eine neue Welt*

An diesem Februartag des Jahres 1946 wich der Albdruck von Diktatur und Krieg, und es öffnete sich das Tor zu einer neuen Welt. Auf einmal stand nicht mehr jeder Schritt unter dem Vorbehalt, «wenn ich dann noch lebe» oder auch «wenn ich dann noch in Freiheit bin». Jetzt war alles Aufbruch zu neuen Ufern, Erfahrungen und Chancen. Das begann schon auf der Fahrt von Hannover in das «Zigarrenland» (wie mein Vater es nannte) in der Umgebung von Minden. In jenem idyllischen Teil Westfalens, in dem viele Jahrzehnte lang oft in Heimarbeit Zigarren fabriziert wurden, also in Orten wie Bünde und Lübbecke, hatte sich nämlich die britische Kontrollkommission für Deutschland angesiedelt. Lübbecke, wohin uns das Militärauto zuerst fuhr, war gleichsam das britische «Karlshorst», und doch in jeder Hinsicht ganz anders.

Der Mann, der uns dort empfing, war der für Parteien verantwortliche Offizier der Kontrollkommission, Oberst Annan. Er war seinerzeit tatsächlich Oberstleutnant, wurde aber mit Oberst angeredet. Der freundliche junge Mann mit dem glatten Haar über dem intelligenten ovalen Gesicht zeigte sich wohlinformiert. «Wir sassen und unterhielten uns über die Ereignisse», schrieb Annan ein halbes Jahrhundert später in seinem Memoirenbuch. *We chatted* sagte er wörtlich, «wir schwätzten», süddeutsch gesprochen, «bis zur Ankunft des Wagens, den ich herbeigeordert hatte, um sie nach Hamburg zu bringen, der Stadt, die Gustav Dahrendorf vor 1933 im Reichstag vertreten hatte». Der Memoirenband trägt den schönen, allerdings schwer übersetzbaren Titel *Changing Enemies*, was zugleich bedeuten kann, dass neue Feinde die Stelle von alten einnehmen und dass Feinde zu Freunden werden. Letzteres lag in unserem Fall offenkundig in Noël Annans Absicht.

Annan war nicht der erste bedeutende britische Besatzungsoffizier, dem ich begegnete. In Berlin hatte bereits der grosse Robert Birley mich mit anderen in seine Dienstvilla in der Königsallee eingeladen. Die Absicht war, uns Junge zu Demokraten zu erziehen. Welcher Unterschied zu den Russen! Die Erziehung erfolgte gewiss auch dadurch, dass wir über die Elemente demokratischer Strukturen und Verhaltensweisen belehrt wurden, aber vor allem doch durch das Beispiel. Ich habe Birley gross genannt. Er war auch körperlich eine imposante Figur, vor allem aber ein bedeutender Mann, der das sichere Verständnis für Institutionen mit einem durch kein Sonderinteresse getrübten Sinn für das moralisch Nötige verband. Er wurde *headmaster*, also Schulrektor von Eton, was ihn nicht davon abhielt, sich mit äusserster Entschiedenheit für die vom Apartheid-Regime unterdrückten Schwarzen Südafrikas einzusetzen. In den deutsch-britischen Beziehungen hat er durch die jährlichen Königswinter-Konferenzen eine bleibende Spur hinterlassen. Im Adam-Stegerwald-Haus in Königswinter, wo Politiker und Journalisten und ein paar Versprengte wie ich Jahr für Jahr zusammenkamen, um über gemeinsam interessierende Fragen zu reden, konnte ich früh schon das bei Birley Gelernte praktizieren.

Annan war auch nicht der letzte für mich bedeutende britische Besatzungsoffizier. In Hamburg gab es mehrere jüngere Militärs, meist *captains*, also Hauptleute, die regelmässig Gruppen von jungen Deutschen zu intensiven Diskussionen bei einem Glas Gin und Tonic und Woodbine-Zigaretten einluden. Die Entdeckung der Diskussion war ein Teil der neuen Welt, aber auch die Diskussion wollte gelernt sein. Einmal, im Januar/Februar 1948, bekam ich ausgiebig Gelegenheit dazu, denn dank meiner Mentoren wurde ich für sechs Wochen nach Wilton Park geschickt. In einem komfortablen Bürgerhaus bei Beaconsfield westlich von London wurden deutsche Kriegsgefangene mit eigens zu diesem Zweck herübergebrachten Landsleuten zusammengebracht, um die Briten und ihre Art vor Ort und im lebendigen Austausch kennenzulernen. Lord Lindsay of Birker, Master des Balliol College in Oxford, leitete die Dauer-Diskussion, zu der prominente Gäste wie der damalige Deutschland-Minister Lord Pakenham geladen wurden. Auch das, die direkte Befragung von Ministern, war für uns neu.

Für mich brachte Wilton Park noch den besonderen Gewinn, dass ich gegen Ende des Kurses mit einer Mandelentzündung zur noch neuen Penicillin-Behandlung nach Amersham ins Krankenhaus gebracht wurde. Dort verbrachte ich zehn erinnernswerte Tage in einem Saal mit zehn, zwölf anderen. Die hiessen nicht Lord Lindsay und Minister Pakenham, sondern Tim und Laddy und Cato. Den Ältesten nannten sie Daddy. «Warum solltest du mich töten?» fragte Daddy mich eines Tages. «Und warum sollte ich dich töten?» Ich war noch leicht verwirrt, als er hinzufügte: «Lass uns die Hände schütteln.» Der Krieg war noch nahe, aber sie gaben sich grosse Mühe, den jungen Deutschen in ihr Herz zu schliessen. Das andere Thema war die englische Art, die sie mir erklärten. «Siehst du das schmutzige Fenster da? Das darfst du aber nicht zur Schwester sagen, sondern: Schwester, es ist neblig heute, nicht wahr?» Mit Cato sprach ich über die Zukunft, und über den beruflichen Weg nach oben. «Karriere machen?» Er guckte mich skeptisch an. «Ich bin doch glücklich. Und im übrigen: es gibt die ‹gentry›, die haben ihr Leben. Damit haben wir nichts zu tun. Und wir haben unser Leben. Das geht die nichts an.» Klassen ohne Klassenkampf – auch das ein Stück britischer Wirklichkeit, jedenfalls in den Jahren nach 1945. «Aus der Bettperspektive» hiess eines meiner frühen journalistischen Produkte, in dem ich diese Erfahrung beschrieb.

Dennoch wurde Noël Annan der Wichtigste unter den frühen Begegnungen mit Briten. Nach seinem Dienst in der Kontrollkommission ging er zurück an die Universität Cambridge. Ihn faszinierte der intellektuelle Lebensstil in Theorie und Praxis. Im England seiner Generation hatte ihn das zwanglos in den «Bloomsbury-Kreis» um Leonard und Virginia Woolf, Lytton Strachey und andere geführt, der Quelle der neuen (sexuellen) Freiheit für die einen, Ärgernis für die anderen war. Annans Frau Gaby, aus der deutschen Verlegerfamilie Ullstein und selbst eine bedeutende Literaturkritikerin, fügte dem eine kontinental-europäische Dimension hinzu. Bald wurde Annan selbst zum Zentrum literarisch-politischer Gespräche; sein Lebensbericht *Our Age* ist ein *Who is Who?* der britischen Intellektuellen seiner Generation. Wie es sich gehört, übernahm er gelegentlich öffentliche Aufgaben, so zum Beispiel die Leitung einer Kommission über die Struktur des öffentlichen Rundfunks, und irgendwann wurde er Lord Annan, übrigens ein weithin beachteter und einflussreicher Redner im House of Lords. In den 70er Jahren war er als Provost des University College der Leiter eines wichtigen Gliedes der Föderation, die University of London hiess; ich leitete zur gleichen Zeit die London School of Economics, ein anderes College der gleichen Universität. Nun waren wir also Kollegen, und mehr. Als ich selbst 1993 ins House of Lords kam, wählte ich Lord Annan als einen der beiden Sponsoren, die neue Peers förmlich einführen. Der andere war Lord (Roy) Jenkins, der frühere Innenminister, Schatzkanzler und Präsident der Europäischen Kommission.

Im Oberhaus traf ich übrigens auch den Deutschland-Minister Lord Pakenham wieder; der nun Neunzigjährige hatte den Titel eines Earl of Longford angenommen und vertrat hartnäckig die Rechte von Gefängnis-Insassen und anderen Benachteiligten.

Kurz vor seinem Tod im Jahr 2000 sah ich Noël Annan offenbar geschwächt auf einem Stuhl in der Garderobe des House of Lords sitzen. «Kann ich etwas für Dich tun, Noël?» Nein, nein, es sei schon alles in Ordnung. Er gehörte zu denen, die gerne anderen helfen, aber sich ungerne von anderen helfen lassen.

Im Februar 1946 half er meinem Vater und mir sehr. Zwar brach das Auto, das er uns samt Fahrer zur Verfügung gestellt hatte, auf der Fahrt nach Hamburg zusammen, aber nach einiger Zeit kam Ersatz, und in Hamburg selbst waren Zimmer für uns requiriert, in denen wir bis zum Umzug in eine eigene Wohnung in Wellingsbüttel unterkamen. Mein Vater suchte an die abgerissenen Fäden seiner frühen politischen Karriere anzuknüpfen, was ihm auch gelang. Er wurde noch einmal Mitglied der Bürgerschaft, dann von dieser in den Zweizonen-Wirtschaftsrat delegiert und zudem bald zum Chef der dritten Säule der Arbeiterbewegung neben Partei und Gewerkschaft, der Genossenschaften. Ich konnte nun beginnen, mit offenen Sinnen nach vorne zu blicken und meinen eigenen Weg zu finden.

Die Anfangsschwierigkeiten schienen damals lästig, scheinen aber im Nachhinein eher lustig. Der Versuch, das Abitur im Eiltempo als externer Kandidat zu machen, ging kläglich schief. Ausgerechnet im Fach Englisch fiel ich hoffnungslos auf die Nase. Die Aufgabe war eine Nacherzählung. Uns wurde die Geschichte von einem *chimney sweep* erzählt, die wir dann mit unseren (englischen) Worten wiedergeben sollten. Das für mich Missliche war nur, dass ich keine Ahnung hatte, was ein *chimney sweep* ist und auch aus dem Kontext des Rätsels Lösung nicht erschliessen konnte. So wurde der Schornsteinfeger, der doch eigentlich Glück bringen soll, zur Quelle meines Missgeschicks. Schweren Herzens musste ich auf eine normale Schule gehen und noch ein Jahr lang hart arbeiten, bevor ich Ostern 1947 an der Heinrich-Hertz-Schule – an der übrigens mein Onkel Walter Englischlehrer war – das Abitur machte und sogleich, zum Sommersemester

1947, an der Universität Hamburg als Student der Philosophie und Germanistik immatrikuliert wurde.

Sollten Leser und Leserinnen dieser Geschichte zu dem Schluss kommen, dass meine Schulzeit nicht eigentlich zu einer Schulbildung geführt haben kann, so haben sie nur allzu recht. Zwischen 1938 und 1947 war ich (die private Abitur-«Presse» in Hamburg eingeschlossen) auf sechs verschiedenen Schulen gewesen, zuweilen landverschickt, vorübergehend im Lager inhaftiert oder zu Hause untergetaucht. Unter den Schulen waren klassische Gymnasien und moderne Oberschulen. Mal «lernte» ich Griechisch, dann Französisch, für kurze Zeit sogar Russisch. *Multum non multa* ist eine schöne lateinische Maxime, viel aber nicht vieles. Bei mir verhielt es sich gerade umgekehrt; vieles hatte ich geschnuppert, aber viel hatte ich dabei nicht aufgenommen. Das sollte sich nur mehr sehr bedingt ändern. Meine Bildung blieb punktuell, nicht generell. Überhaupt fehlte es mir an Allgemeinbildung. Als Professor Bruno Snell mir die Doktorprüfung im Griechischen leicht machen wollte und mir Fragen zur griechischen Mythologie stellte, wäre ich beinahe durchgefallen. Hätte er mir Fragen zu Paul Maas' Grundsätzen der Textkritik und ihrer Anwendung bei der Rekonstruktion von Sapphos Gedichtfragmenten gestellt, dann wäre ich in meinem Element gewesen.

Das bringt mich noch einmal zum «dreissigsten Jahr» und zu Ingeborg Bachmann. Man erinnert sich: Der noch nicht Dreissigjährige – also ich zum Beispiel, der für immer Achtundzwanzigjährige – lebt im Horizont fast unbegrenzter Möglichkeiten. Warum sich entscheiden, wenn es doch die Chance immer neuer Anfänge gibt? «Bei jeder Gelegenheit hatte er ja gesagt zu einer Freundschaft, zu einer Liebe, zu einem Ansinnen, und all dies immer auf die Probe, auf Abruf. Die Welt schien ihm kündbar, er selbst sich kündbar.» Darin klingt indes schon die eher düstere Grundstimmung mit, die Ingeborg Bachmanns Dreissigjährigen bestimmt. Er hat Angst vor der Schwelle der dreissig

Jahre, denn er will das Wanderleben beenden. «Mein Vorhaben: Ankommen!» Das bringt ihn fast um den Verstand und dann sogar beinahe ums Leben, bis er eines Tages bemerkt, dass er die Schwelle überschritten hat. Der kritische Tag liegt nicht mehr in der Zukunft, «er war schon da, enthalten in allen Tagen dieses Jahres, das er mit Mühe bestanden hat». Er ist heil durch die Klippen gekommen und fährt nun in ruhiger See.

Mit dem Achtundzwanzigjährigen hatte ich indes etwas anderes gemeint. «Alles, was er später aus dem Stoff von dreissig Jahren bereiten konnte, versprach ihm, gewöhnlich zu werden. Oh, müssen wir wirklich alt, hässlich, faltig und schwachsinnig, beschränkt und verstehend werden, damit unser Los sich erfüllt?» Das kann ich allenfalls verstehen; nur lautet meine Antwort: nein, wir müssen das alles nicht, wir können auch für immer achtundzwanzig bleiben, pluripotent, wie man das bei embryonalen menschlichen Zellen nennt. Tröstlicherweise glauben Biologen, dass solche Pluripotenz auch in späteren, sogenannten adulten Zellen noch vorhanden ist und jedenfalls erweckt werden kann. So werden in den folgenden Geschichten nicht Wege zu einem einzigen, auch noch vorbestimmten Ziel, geschweige denn eine Fahrt in ruhiger See geschildert, sondern sechs, sieben Wege aufgezeigt, die allesamt vor dem 29. Geburtstag ein Stück weit beschritten worden sind und dann verlängert werden konnten. Das Ergebnis ist eine Art Sternfahrt, allerdings in umgekehrter Richtung, also nicht von vielen Ausgangspunkten zu einem Ziel, sondern von einem Kern zu vielen Zielen. Oder haben diese doch einen gemeinsamen Namen? «Ich liebe die Freiheit, die doch in allem Feststehenden zu Ende geht,» heisst es bei Ingeborg Bachmann. In eben diesem Sinn sind die folgenden Geschichten gleichsam eine Sternfahrt zur Freiheit.

Noch ein Unterschied zu Ingeborg Bachmanns etwas kläglichem Helden darf angemerkt werden. Er steht im dreissigsten Jahr, das er mit allen Höhen und Tiefen (meist in Rom) durchlebt.

Ich hingegen bin an diesem Punkt der Erzählung noch lange nicht bei meiner Entelechie von achtundzwanzig Jahren angekommen. Ich bin achtzehn und frischgebackener Student der Philosophie in Hamburg.

14 *Der Journalist*

Wenn man mich als 21jährigen gefragt hat, was ich einmal werden wollte, dann antwortete ich, Journalist. Das lag schon aus Gründen des väterlichen Erbes nahe; bei der Herstellung der mit handgeschriebener Eigenproduktion gefüllten Dahrendorf-Familienzeitung «D-Z» hatte mein Vater den Zwölfjährigen in die Geheimnisse des Seitenumbruchs eingeweiht. Ausserdem entsprach es meinem Lebensstil, der seit Jahren schon durch das Schreiben geprägt war. Und dann war da die Faszination des gedruckten Wortes, die eitle Freude, den eigenen Namen als Autor zu sehen, und die noch eitlere Erwartung, schon durch den Druck des Verfassten einen profunden Einfluss auf die Welt und die Menschen auszuüben.

Also wurde ich Journalist und blieb es ein Leben lang. Am Beginn allerdings stand nicht das gedruckte, sondern das gesprochene Wort. Am 23.4.1946, somit wenige Wochen nach der Ankunft in Hamburg, hatte ich meine Premiere in einer Diskussionsrunde des Nordwestdeutschen Rundfunks (NWDR). Das Thema hiess «Jugend und Kirche», und die Sendung war nur die erste einer langen Reihe von «Jugend und »-Diskussionen, an denen ich teilnahm. «Jugend und CDU», «Jugend und Buch», bald wurde ich zum Berufsjugendlichen, der zu allem und jedem die Meinung *der* Jugend kundtat.

Der frühe NWDR erlebte eine grosse Zeit. Hugh Carleton Greene als Intendant brachte die Werte und Erfahrungen der britischen BBC mit, deren Generaldirektor er später werden sollte.

Gelegentlich leitete der grossgewachsene, zu uns Jungen väterlich-freundliche Mann selbst das Gespräch: «Ein Engländer spricht mit jungen Deutschen» (1. 2. 1947). Peter von Zahn, der noch jugendfrische politische Redakteur tat es Greene nach. «Sollen wir auswandern?» hiess am 5. 12. 1946 sein – und mein – Thema. An Fragen für Runde Tische mit drei, vier, fünf Teilnehmern fehlte es nicht. «Sind Beamte auch Menschen?» «Ist die Dame ausgestorben?» «Müssen auch Mädchen entmilitarisiert werden?» Zuweilen kam ich mit eigenen Texten zu Wort. In meiner persönlichen Geschichte suchte ich Gründe für die Forderung nach einer Jugendamnestie für politische Täter. Nur so könne verhindert werden, dass junge Menschen «haltlos, pessimistisch, inaktiv, müde» würden. Peter von Zahn schrieb mir (am 10. 12. 1946), alles was ich sagte, «ist mir aus der Seele gesprochen». Mein Vater hörte es weniger gern.

Eine gewisse Bekanntheit nach diesen Ritten auf Radiowellen war wohl der Grund, warum mich die Herausgeber der «Hamburger Akademischen Rundschau» bald nach meinem Studienbeginn fragten, ob ich bei ihnen mitarbeiten wolle. Ich sagte gerne ja. Das war allerdings eine ganz andere Aufgabe, in gewisser Weise das Gegenteil meines bisherigen Journalismus. «Über wenige Dinge ist man sich heute so einig wie darüber, dass das Neue nur von der Jugend kommen könne», schrieb Hans-Joachim Lang im ersten Heft der Zeitschrift im Herbst 1946, um sich dann lustig zu machen über diese erneute «Kapitulation einer Generation vor ihren Kindern». Es geht vielmehr darum, «die Frage nach Wert und Unwert des – unteilbaren! – deutschen Geistes zu stellen», die ohne falsche Rücksichten beantwortet werden muss.

Daraus ergab sich, was Osteuropäer eine «dicke Zeitschrift» nennen, eine «ernsthafte Kulturzeitschrift». Die Hefte im zeitgerecht grauen Umschlag enthielten lange Aufsätze von bedeutenden Autoren des In- und Auslands. Dabei standen deutsche Themen im Vordergrund; Thomas Mann und Hermann Hesse,

Ernesto Grassi, Olof Gigon und Ernst Heller waren vertreten, zusammen mit internationalen Grössen wie Denis Brogan, C. G. Jung, Bertrand Russell. Die zu Wort kamen, waren vor allem Männer (gab es auch Frauen?) einer Kultur des Geistes, die von den Naturwissenschaften und den Sozialwissenschaften gleich weit entfernt blieb. Die «Hamburger Akademische Rundschau» wollte Verbindungen neu knüpfen, solche zur deutschen Tradition ebenso wie solche zur internationalen Diskussion. Hinzu kamen Beiträge über Kunst und Kultur – zwischen dem vergilbenden Billigpapier der Textseiten fanden sich sogar Bildbeilagen mit Werken von Nolde und Kirchner, Matisse und Picasso – und natürlich Berichte über die Universität Hamburg und die Universitäten insgesamt.

«Herausgegeben von Dozenten und Studenten der Universität Hamburg» stand unter dem Titel der «Hamburger Akademischen Rundschau». (Akronyme waren damals noch nicht in Mode; wir nannten die Zeitschrift unter uns «die Rundschau».) In Wahrheit gab es nur zwei Herausgeber, die zuerst Studenten, dann bald Dozenten waren, nämlich Hans-Joachim Lang und Karl Ludwig Schneider. Beide trugen die Narben von Nationalsozialismus und Krieg. Schneider, der Gründer und Chef der Rundschau, hatte zum Münchener Widerstandskreis der Weissen Rose gehört. Eine verpfuschte Operation im Gefängnis hinterliess lebenslange Qualen. Diese hinderten ihn jedoch nicht daran, zum herausragenden Editor und Interpreten deutscher expressionistischer Dichtung zu werden, vor allem von Georg Heym, Georg Trakl und Ernst Stadler. Er strahlte eine freundliche, oft humorgewürzte Überlegenheit aus, die dem jungen Mitarbeiter guttat. Hans-Joachim Lang hingegen bestach durch seinen Scharfsinn und seine Ironie. Er hatte im Krieg ein Bein verloren, was seine Wendigkeit kaum beeinträchtigte. Nun war er auf dem Weg zum Spezialisten für englische und dann vor allem amerikanische Literatur. Seine Kritik konnte beissend sein, doch war sie selten unberechtigt. Die beiden so verschiedenen Herausgeber bildeten ein höchst effektives Paar. Manchmal trafen sich ihre Erfahrungen der Zeit in einem fröhlichen Zynismus. Dann schrieben sie unter dem Pseudonym Tobias Runkel Gedichte über den von ihnen erfundenen Erfinder «Professor Bumke». Der erfand zum Beispiel eine «Regierungsmaschine» für «alle erdenklichen Konstellationen hoher und höchster Politik. (Bei Krisen mechanische Marschmusik.)»

> Ein Gipfel der technischen Perfektion
> ist auch die vollautomatische Korruption
> und der Sabotage-Einwurf für Sand ins Getriebe.
> (Bumke schuf ihn aus Wirklichkeitsliebe.)

«Karl Ludwig» und «Jochen» gehörten zu der Generation vor meiner, bei der die Romantik der entgangenen Chancen und die Bitternis des Erlebten sich merkwürdig mischten. Eines der «Bumke»-Gedichte verriet diese Mischung von Lachen und Weinen. In einer Winternacht schrieb Professor Bumke Sonette; doch als er fertig war, «da taten ihm plötzlich die Versfüsse leid, denn draussen war alles tief verschneit». So stand er noch einmal auf, um mit der feinsten Nadel für die frierenden Versfüsschen «siebzig zierliche, warme Schuhe» zu nähen.

In der Gesellschaft von «Karl Ludwig» und «Jochen» war ich ein kleiner Eleve, der wenig zu geben und alles zu lernen hatte. Meine ersten Beiträge zur «Rundschau» galten überraschenden Themen, einer Filmkritik, dem Bericht über eine Kunstausstellung. Es dauerte nicht lange, bis die Mentoren mein Talent für das Aktuelle entdeckten. Das passte auch in ihren Plan, denn die Hochschulpolitik stand etwas quer zu den geistigen Höhenflügen der Hefte. Bald machte sie sich selbständig in einer Beilage, der ihr Erfinder Ludwig Schubert und ich den vieldeutigen Titel «Der Anschlag» gaben. Einen Anschlag heftet man an, man verübt ihn, man bringt ein Gewehr in Anschlag, Hunde schlagen an und manchmal auch Umerziehungsexperimente ... Ludwig, ein begabter Journalist, breitete das vor den Lesern genüsslich aus.

Im «Anschlag» lancierte ich meine erste journalistische Kampagne mit einem Artikel unter dem Titel: «Was geschah an der Berliner Universität? Und was geschah bei uns nicht?» An der Berliner Universität waren drei Studenten wegen der «in ihrer publizistischen Tätigkeit liegenden Verletzung von Anstand und Würde eines Studierenden» relegiert, also der Hochschule verwiesen worden. Otto Hess, Joachim Schwarz und Otto Stolz waren Herausgeber des Berliner Äquivalents der «Hamburger Akademischen Rundschau», der allerdings aktueller gestalteten Zeitschrift «Colloquium», die mit Kritik an der Gleichschaltung der Berliner Universität durch die Sowjets und die SED nicht gespart hatte. In Berlin brach eine Protestwelle zur Unterstützung der Relegierten los, die zunehmend in die Forderung mündete, in den Westsektoren eine Universität zu gründen, «wo wir der Wissenschaft dienen können, frei von Zwang und Furcht». Doch gab es im westlichen Deutschland und in Westeuropa mehr verlegenes Schweigen als Sukkurs. Sogar die Londoner «Times» fand es (am 10. 11. 1948) «zweifelhaft, ob es weise ist, eine neue Universität zu starten, wenn die Zukunft der Stadt so dunkel ist». Glücklicherweise war die Ford Foundation, waren überhaupt die Amerikaner weniger zögerlich; es entstand die Freie Universität Berlin. Der «Anschlag» hat einen bescheidenen Beitrag dazu geleistet, die Stimmung für das Wagnis zu bereiten.

Das alles gab mir einen fast schon professionellen Status. Ich hatte einen Presseausweis, ja als im Mai 1948 in Frankfurt am Main die erste Deutsche Schriftsteller-Tagung stattfand, nahm ich an ihr teil. Die lebhafte Debatte ging naturgemäss um deutsche Vergangenheit und Zukunft. Was sollen Schriftsteller tun angesichts der Trümmerlandschaft? Die einen wollten sie hinter dem Grün von Frühlingsbäumen verbergen, die anderen sie als ewiges Mahnmal knallrot anmalen. Der Ausflug auf einem Dampfer namens «Vaterland» brachte die versammelten Autoren bei Wein und Gesang nach Rüdesheim.

Die Namen der frühen Mitarbeiter der «Rundschau» haben ihren Klang nicht verloren. Conrad Ahlers gehörte dazu, der später in der «Spiegel»-Affäre verhaftet, dann in der Regierung Brandt Staatssekretär werden sollte; Jürgen Ponto, der zukünftige Bankier, den die «Rote Armee Fraktion» 1977 ermordete; Walter Jens, der die deutsche Nachkriegsliteratur zugleich begleitete und prägte. Otto Hess, auch er «Rundschau»-Autor, hatte seinen Mut zwar nicht verloren, war aber ein erschöpfter 35jähriger. «Wir sind sehr müde, aber auch sehr nüchtern geworden. Begeistern können wir uns nicht mehr. Hoffentlich können Sie es noch.» Als er mir diese Sätze schrieb, war schon der Anfang gemacht, die Nachkriegsängste und Zweifel in neue Hoffnung zu wenden – allerdings auf durchaus unerwartete Weise, nämlich durch die Währungsreform mit der Einführung der D-Mark.

Manche meinen, die Währungsreform vom 20. Juni 1948 sei die wirkliche Stunde Null Nachkriegsdeutschlands gewesen. Jedenfalls wurde danach alles anders. Zum Beispiel hörten viele Leute auf, Artikel über die ungeteilte deutsche Geistestradition und überhaupt Zeitschriften zu lesen. Es begannen die berühmten «Wellen», die Fresswelle, die Möbelwelle, die Autowelle, die Reisewelle. Wie im Zeitraffer geschah etwas Ähnliches noch einmal in Ostmitteleuropa nach der Revolution von 1989, und wiederum war der Prozess von einem grossen Sterben der Verlage, auch der Theater begleitet. Auf einmal war anderes wichtiger. Die «Rundschau» entkam diesem Trend nicht. Sie schleppte sich durch das Jahr 1949, dann blieb gerade noch die Kraft – und vor allem das Geld, das nun allwichtig geworden war – für ein Doppelheft mit einem schönen, wenn auch melancholischen Abschiedsartikel der beiden Herausgeber. «Unsere Zeitschrift war eine Konzeption von 1945: als der Krieg zuende war, waren wir voller Wissbegier und Hoffnung.» Wir wollten lernen; wir wollten diskutieren; wir wollten tolerant sein. «Gegen das Böse wollten wir den guten Willen setzen.»

Karl Ludwig Schneider wurde ein beliebter Professor der Deutschen Literatur in Hamburg; er starb 1981. Hans-Joachim Lang wurde Professor der Amerikanistik zuerst in Tübingen (wo wir eine Zeitlang Kollegen waren), dann in Erlangen. Für meine journalistische Karriere gab es eine gewisse Pause, wenngleich hier und da Buchbesprechungen, Reiseberichte, ja kurze Erzählungen von mir erschienen. In Tübingen half ich bei der Wiederbelebung der Universitätszeitschrift «Attempto!». In der damals noch florierenden linksliberalen «Basler National-Zeitung» schrieb ich ab 1961 regelmässig Leitartikel, ein Vergnügen, das ich in der Folgezeit bei mehreren europäischen und auch ein paar deutschen Zeitungen gepflegt habe.

Zweimal in den späteren Jahren kam ich ganz nahe daran, den Journalismus zu meinem Beruf zu machen. Beim ersten Mal ging es um die «Zeit». Die Hamburger Wochenzeitung hatte in den 60er und 70er Jahren ihre grosse Periode. Dafür gab es gewiss mancherlei Gründe, die mit Format und Qualität, mit der fehlenden Konkurrenz und dergleichen zu tun haben. Ein Grund lag indes darin, dass die «Zeit» eine Alternative zu den dominanten politischen Strömungen der Adenauer-Jahre bot. Die Alternative ist mit dem Begriff «links», selbst «linksliberal», eher irreführend beschrieben. Gerd Bucerius, der Besitzer und in gewisser Weise Erfinder der «Zeit», war ein rechter Liberaler. Fast hätte ich meine Biographie des bemerkenswerten Mannes so genannt; aber auch der Titel *Liberal und unabhängig* beschreibt ihn. Marion Gräfin Dönhoff, Geist und Seele der grossen «Zeit», wurde zwar manchmal die «rote Gräfin» genannt, aber ihre Verbindung von Preussentum, weltpolitischem Sinn, Offenheit für neue Ideen und Mitgefühl mit den Schwachen würde in dem Wort «links» kläglich verkürzt. Selbst Theo Sommer, der begnadete Journalist, der dafür sorgte, dass das Blatt Woche für Woche in hoher Qualität zustandekam, und der immerhin sozialdemokratischen Ministern gedient hat, tat dies doch im Verteidigungsressort und bei Männern wie Helmut Schmidt und Rudolf Scharping. Die «Zeit» war nicht links, sondern anders, weltläufiger, offener, ideenreicher als der herrschende Konsens.

Mein Weg ins Herz der «Zeit» begann im Feuilleton von Rudolf Walter Leonhard. Dort erschienen in den frühen 60er Jahren die Artikel, die unter dem Titel «Bildung ist Bürgerrecht» einen Anstoss zu den Bildungsreformen jenes Jahrzehnts gegeben haben. Allmählich erst avancierte ich vom Feuilleton in die Politik (und am Ende sogar in die Wirtschaft). Dort erschienen, auf Theo Sommers Drängen, 1971 die «Wieland-Europa»-Artikel, die dem Europa-Kommissar Dahrendorf beinahe Kopf und Kragen, genauer Amt und Würden gekostet hätten. Ich plädierte damals für ein «zweites Europa» der Bürger und der Nationen, was naturgemäss in Brüssel nicht durchweg Begeisterung hervorrief.

Nach alledem war es nicht völlig überraschend, dass mein Name ins Spiel kam, als die «Zeit» 1978 erwog, ihre Leitung nach dem Muster der «Frankfurter Allgemeine Zeitung» einem Gremium von fünf «Herausgebern» anzuvertrauen. Initiator war der damals von Bucerius bevorzugte Verlagsleiter Diether Stolze. Hinzukommen sollten Johannes Gross, seinerzeit Chefredakteur des «Capital», und der Verleger und Autor Wolf Jobst Siedler. Die Gräfin, der das Ganze nicht behagte, hielt sich bedeckt. Und Theo Sommer war der eigentliche Grund für das Manöver. Er ging, wie das den meisten von uns gelegentlich zustösst, durch eine Phase des Selbstzweifels und der Ablenkungen und teilte Bucerius mit, dass seine Kräfte nicht ausreichten, die «Zeit» weiterhin alleine zu führen.

Ich war übrigens zu der Zeit Direktor der London School of Economics und als solcher ausgefüllt und zufrieden. Heute weiss ich aus den Akten der «Zeit», dass schon aus diesem Grunde niemand damit rechnete, dass ich bei der Herausgeber-Lösung mit von der Partie sein würde. Dennoch liess die Versuchung mich nicht unberührt. Wartete da nicht ein Leben, auf das ich mich lange vorbereitet hatte? Das Projekt kam, wie man weiss, nicht zustande. Wie das so ist, hatte jeder der Beteiligten seine eigene Geschichte zu erzählen. Meine Geschichte ist, dass der Machtpoker von Diether Stolze uns anderen auf die Nerven ging. Mir vor allem missfiel die Art, in der Theo Sommer in einem Moment der Schwäche ausgetrickst werden sollte. So flog ich nach einem fast konspirativen Treffen im Hamburger Hotel Atlantic um eine menschliche Erfahrung reicher, aber auch um eine journalistische Erfahrung ärmer in der von Stolze für mich angemieteten Privatmaschine zurück nach London.

Die zweite journalistische Versuchung kam vierzehn Jahre später, also 1992, in London meiner Wege. Ich war schon fast ganz Engländer, jedenfalls britischer Staatsbürger, nach einer vorübergehenden Abwesenheit in den 80er Jahren. Wie das Land sich verändert hatte! Frau Thatcher regierte absolut. Die Labour Party schien zu zerfallen; eine von Roy Jenkins und anderen gegründete Sozialdemokratische Partei erreichte fast dieselbe Zahl an Wählerstimmen wie Labour. Sogar in der Zeitungslandschaft hatte es Bewegung gegeben. Eine neue seriöse Zeitung, «The Independent», machte der «Times» ernsthafte Konkurrenz.

Es lag nahe, einen Zusammenhang zwischen der neuen Partei und der neuen Zeitung zu konstruieren. Das taten jedenfalls unternehmungslustige kontinentaleuropäische Journalisten, die selbst in den 70er Jahren neue und erfolgreiche Zeitungen gegründet hatten. So hatte Eugenio Scalfari mit «la Repubblica» in Rom eine lesbare linksliberale Konkurrenz zu den norditalienischen Blättern geschaffen. Scalfari verbindet französische Bildung mit einem sicheren institutionellen Sinn vor allem in Verfassungsfragen und einer sozialliberalen politischen Haltung. Ich habe gerne Artikel für seine Zeitung geschrieben. In Madrid hatte Juan Luis Cebrian mit «El Pais» *das* Blatt der Nach-Franco-Zeit gegründet.

Cebrian verbindet seine sozialdemokratischen Überzeugungen mit einem klugen Geschäftssinn, und der Erfolg der Zeitung verrät beides.

Andere europäische Zeitungen ähnlichen Zuschnitts entstanden in dieser Zeit. Adam Michniks «Gazeta Wyborcza» ist das herausragende Beispiel; aber auch «Der Standard» in Wien und «Publico» in Lissabon gehören in diesen Zusammenhang. Scalfari und Cebrian dachten nun, der «Independent» sei Teil derselben Tendenz. Als das Londoner Blatt in finanzielle Nöte gerriet, griffen sie ihm unter die Arme. Sie verlangten und erreichten allerdings dafür einen gewissen Einfluss, nicht nur Sitze für sich selbst, sondern auch, dass ich zum Vorsitzenden des Aufsichtsrats werden sollte. Das war dem Gründer, Andreas Whittam Smith, durchaus nicht recht; er zog es vor, der einzige Herr im Hause zu sein. Vor allem aber hatten meine Freunde Scalfari und Cebrian – und ich übrigens auch – übersehen, dass Whittam Smith nicht zu ihrer Gruppe liberaler Enthusiasten und sozialer Reformer gehörte. Der «Independent» hatte zwar von dieser Stimmung profitiert, aber sein Gründer war der Börsenredakteur des konservativen «Daily Telegraph» gewesen, was auch seiner Geisteshaltung entsprach.

Während des Jahres meines Board-Vorsitzes ging es dem «Independent» nicht schlecht. Ein paar Wochen lang hatte er sogar eine etwas höhere Auflage als die «Times». Das dauerte jedoch nicht. Der «Independent» wurde verkauft. Sein neuer, irischer Eigentümer übernahm nicht nur die Anteile von «la Repubblica» und «El Pais», sondern auch die von Andreas Whittam Smith. Dessen Investition hatte sich für ihn gelohnt. Er wurde später zum Chef der britischen Filmzensurbehörde, die er mit Geschick und Klugheit leitete. Ich ging still meiner Wege.

Das heisst nicht, dass ich aufhörte, Journalist zu sein. Noch immer vergeht keine Woche, in der ich nicht einen Artikel schreibe. Bei der «Badischen Zeitung», dem weltläufigen Regionalblatt der Region meines deutschen Wohnsitzes Bonndorf im Schwarzwald, fungiere ich als Berater des Herausgebers Christian Hodeige und der Chefredaktion. Allerdings – wenn ich es recht besehe – bin ich mittlerweile ebenso sehr Objekt wie Subjekt des Journalismus geworden, ohne dass die ausufernden Ambivalenzen zahlreicher Interviews mich von der disziplinierten Klarheit des Schreibens abgebracht hätten.

15 *Der Politiker*

Ein paar Mal begleitete ich meinen Vater zu einer Sitzung des Zweizonen-Wirtschaftsrates, der seit 1947 im Börsensaal in Frankfurt am Main tagte. Von Hamburg aus war die Fahrt eine regelrechte Expedition, zunächst mit dem Holzkohlenauto, das in häufigen Abständen wie eine Dampflokomotive frisch gefeuert werden musste. Mühsam kamen wir am ersten Tag bis nach Nörten-Hardenberg und manchmal sogar bis ins Werratal. Dafür entschädigte dann Frankfurt, das uns damals schon wie Klein-Chicago vorkam. In dem überschaubaren Vor-Parlament, in dem manche Weichen für die Reiseroute der zukünftigen Bundesrepublik gestellt wurden, kam ich auf den Geschmack der Politik. Wenn mein Vater vom Präsidentenstuhl herunterstieg – er war Vizepräsident des Gremiums – und von seinem Abgeordnetensitz aus einen Redner unterbrach, konnte es Unruhe geben. «Ich mache nur von meinem Recht des Zwischenrufes Gebrauch!» rief er, und ich fand das fabelhaft.

Politik heisst für viele die Beschäftigung mit staatlichen Angelegenheiten; mein Verständnis war von Anfang an angelsächsischer. Politik heisst Wahlkampf, öffentliche Debatte, vor allem aber Parlament, Auseinandersetzung mit anderen. Zwei Weichenstellungen des Wirtschaftsrates wurden für die deutsche Politik der Jahre nach 1948 besonders wichtig. Die eine war die Einführung der Marktwirtschaft durch Ludwig Erhard. Mein Vater, der Sozialdemokrat, unterstützte die Grundentscheidung, auch gegen die Einwände seiner Genossen, für die nur Rationierung und

Planung die Armen schützen konnten. Die andere Weichenstellung war der Entschluss der SPD, in die Opposition zu gehen, und damit die Bildung der «bürgerlichen» Adenauer-Koalition. Mir machte dies die Entscheidung leichter, an meinem 18. Geburtstag, also zum frühestmöglichen Zeitpunkt, in die SPD einzutreten.

Für den Studenten bedeutete das die Mitgliedschaft im Sozialistischen Deutschen Studentenbund (SDS), und mit dem Hamburger SDS hatte es eine besondere Bewandtnis. Zwei Gruppen standen sich in ihm gegenüber: wir Junge, allesamt tastende Idealisten, die eine noch unbekannte bessere Welt suchten, und dann die zehn Jahre älteren, die wir «die Offiziere» nannten. Sie waren tatsächlich zumeist Oberleutnants gewesen, und sie blieben auch Offiziere. Hans Schmelz war einer von ihnen, 1962 der Autor des von Franz Josef Strauss inkriminierten «Spiegel»-Artikels «Bedingt abwehrbereit», der zur republikerschütternden Affäre führen sollte; Schmelz ging dann an prominenter Stelle ins Verteidigungsministerium. Willi Berkhahn, der spätere Wehrbeauftragte des Bundestages, gehörte zu den «Offizieren». Und dann vor allem Helmut Schmidt. Damals wusste ich nicht, dass der junge Oberleutnant Schmidt den Prozess meines Vaters vor dem Volksgerichtshof von der Zuschauertribüne beobachtet hatte. Er war dorthin abgeordnet worden, was indes nichts ändert am Unterschied unserer Perspektiven.

Die Gegensätze prallten aufeinander, als wir Jüngeren den Hamburger SDS 1948 aufforderten, sich dafür einzusetzen, dass eine grössere Zahl von Arbeiterkindern in einem einmaligen Akt ohne Abitur zur Universität zugelassen wird. Wir wollten den Geist der Universität verändern, in dem uns zu viel von der Welt der «Offiziere» mitschwang; wir wollten das drastisch tun, so dass die Neuen nicht «vom heutigen Geist der Universität aufgesogen werden»; wir wollten es unverzüglich tun, ohne also eine langwierige Schulreform abzuwarten. Es erübrigt sich zu sagen, dass wir mit unserem Plan scheiterten, aber das Scheitern selbst hatte vor allem für mich mehrere wichtige Perspektiven.

Eine davon ist, dass das Thema der Arbeiterstudenten mich nicht losliess. Viele Jahre später, 1964, war meine Tübinger Immatrikulationsrede über «Arbeiterkinder an deutschen Universitäten» Auslöser der in Baden-Württemberg (von einer CDU-Regierung!) eingeleiteten Bildungsreformen. Ministerpräsident Kiesingers Regierungserklärung vom 25. 6. 1964 berief sich direkt auf meine Analyse der kulturellen Distanz zwischen Universitäten und Arbeiterfamilien, die überwunden werden müsse. Jetzt ging es allerdings nicht mehr um einen demonstrativen Akt, sondern um eine nachhaltige Reform unter dem Grundsatz «Bildung ist Bürgerrecht».

Schwieriger ist es mit einer zweiten Perspektive. 1964 wie schon 1948 fand ich mich in einem Dilemma. In den 60er Jahren wurde dieses sinnfällig dadurch, dass ich gleichzeitig das Projekt der Bildung als Bürgerrecht und das andere der Elite-Universität Konstanz («Klein-Harvard am Bodensee») verfolgte. Auch 1948 war es meine Überzeugung, dass für die Besten das Beste gerade gut genug ist. Ich liebte ja die Universität, gerade auch in ihrer Humboldtschen Prägung der Einheit von Forschung und Lehre, der *universitas magistrorum et scholarium*. Der Versuch, den Widerspruch ganz aufzulösen, ist wohl vergebliche Mühe. Doch steckte hinter ihm ein Grundgedanke. Das Eintreten für Arbeiterkinder bezog sich auf bestimmte fundamentale Rechte, eben Bildung als Bürgerrecht. (Ich habe eine wirtschaftlich argumentierende Bildungsreform nie akzeptiert.) Das Recht kann aber weder durch Inflation, also durch Senkung der Anforderungen gewährt werden, noch hat es einen Sinn, wenn es zu einer Welt nivellierter Chancen führt. Mit anderen Worten, das gleiche Grundrecht ist die allen gleichermassen offenstehende Chance zur Teilnahme an einem durchaus ungleichen Angebot.

So kompliziert war allerdings die Diskussion im Hamburger SDS nicht. In ihr ging es um etwas anderes. Die «Offiziere» verloren wenig Zeit, uns jungen Phantasten klar zu machen, dass unser Projekt einfach nicht funktioniert. Wo und wie sollten wir unsere Arbeiterstudenten finden? Und wenn sie so gut sind, warum sie dann nicht zum Abitur führen? Würden sie nicht als Studenten ohne Abitur notwendig zu Hochschulbürgern zweiter Klasse? Wir hassten diese Argumente, schon weil wir ihnen nichts Rechtes entgegenzusetzen hatten. Die «Offiziere» vertraten das Realitätsprinzip, und davon wollten wir jedenfalls noch nichts wissen. Wir wollten die Welt verändern, gleichgültig ob das ging oder nicht.

Helmut Schmidt hat immer das Realitätsprinzip vertreten, und da mir der Hang zu ausgreifenderen Plänen nicht verlorenging, blieb unsere Beziehung jahrzehntelang spannungsgeladen. 1969 misstraute er wohl der durch Walter Scheel und auch mich zum Koalitionspartner der SPD umgeformten FDP. Meine Europakritik störte ihn sehr. Ich vermisste andererseits jeden liberalen Zug in dem befehlsgewohnten Hamburger Innensenator, dann Bonner Verteidigungsminister und Bundeskanzler. Spät erst, als Schmidt durch sein Alter und die Tätigkeit als Herausgeber der «Zeit» leicht liberalisiert und ich, wenn auch zögernd, mit der Hartnäckigkeit der Realität versöhnt worden war, fanden wir es leichter, entspannte Gespräche zu führen.

Mein Engagement als Sozialdemokrat beschränkte sich im übrigen auf das Nötigste. Damals kam noch der Parteikassierer jeden Monat einmal ins Haus; bei ihm kaufte man Beitrittsmarken, die mehr oder minder säuberlich in dafür vorgesehene Karos im Mitgliedsbuch geklebt wurden. Wenn man nicht mehr die Monatsmarken klebte, wurde man aus der Mitgliederliste gestrichen. Das geschah in meinem Fall, als ich 1952 an die London School of Economics gegangen war.

Doch ging es nicht nur um die Mitgliedslisten der SPD. Zur Bundestagswahl 1953 – meiner ersten als Wahlberechtigter – boten mir Londoner Bekannte an, mich in einem Privatflugzeug mitzunehmen, damit ich in Deutschland wählen könnte. (Die Briefwahl gab es noch nicht.) Es mögen ein Dutzend gewesen sein, allesamt CDU-Wähler, die in der Londoner City tätig waren und meinten, ein Verhältnis CDU:SPD von 12:1 sei gerade angemessen. Aber würde ich wirklich SPD wählen? Zwei Jahre später, während des Abstimmungskampfes im Saarland, erwogen einige Freunde und ich ernsthaft, eine proeuropäische liberale Partei zu gründen. Sie fehlte im saarländischen Spektrum der «Europa»-Parteien CVP und SPS, der «deutschen» Parteien CDU und DSP sowie der ultranationalistischen DPS von Heinrich Schneider. Weitere fünf Jahre später, 1960, lud der unorthodoxe bayrische Sozialdemokrat Waldemar von Knoeringen mich ein, auf einer SPD-Tagung über «Junge Generation und Macht» den Hauptvortrag zu halten, «gerade weil Sie nicht Mitglied der Partei sind». Der Parteivorsitzende Ollenhauer dankte mir nachher dafür, dass ich «als ein unserer Partei nicht angehöriger, politisch unabhängiger Wissenschaftler» nach Bad Godesberg gekommen war.

Wichtig indes war und ist nicht so sehr die Partei; auch in dieser Hinsicht sind mir Stammeszugehörigkeiten durchaus fremd geblieben; wichtig ist vielmehr die politische Position. In der Godesberger Rede von 1960 ging es um die «autoritäre», die «totalitäre» und die «liberale» Tradition – Kaiserreich, Nationalsozialismus (und Stalinismus), und, ja, die Bundesrepublik. Ich sprach auch vom «Familienvater», dem «Gefängnisaufseher» und dem «Nachtwächter» und verteidigte den «Nachtwächterstaat»: «Wenn auch der Familienvater vielleicht die würdigste der drei Figuren ist, so lässt doch sicher der Nachtwächter den von ihm Bewachten den grössten Spielraum.» Die Aufforderung an die SPD, sich zur «grossen liberalen Partei zu entwickeln», ging dann doch einen Schritt zu weit, nicht nur für die Sozialdemokraten, sondern auch für den Vorsitzenden der Freien Demokratischen Partei Erich Mende, der am nächsten Morgen erklären liess, die liberale Partei gebe es schon.

Daran, dass meine Haltung sich seit den frühen SDS-Tagen geändert hatte, gab es wenig Zweifel. Der Wandel hatte wohl mit der Arbeit an der Dissertation über Marx zu tun, dann vor allem aber mit der London School of Economics. Ich ging sozusagen als Sozialist nach England und kam als Liberaler zurück – was insofern paradox war, als Grossbritannien 1952 trotz der Rückkehr der Konservativen an die Macht noch ganz im Bann der sozialistischen Reformen der Labour-Regierungen nach 1945 stand. Doch hatte meine Entwicklung einen Namen, nämlich den von Karl Popper, dem ich an der LSE begegnete. Der Kern der Popperschen Position fand bei mir ein unmittelbares Echo. Wir leben in einer Welt der Ungewissheit. Niemand weiss genau, was wahr und was gut ist. Darum müssen wir immer neue und bessere Antworten suchen. Das geht aber nur, wenn Versuch und Irrtum erlaubt sind, ja ermutigt werden, also in einer offenen Gesellschaft. Sie wenn nötig zu verteidigen und sie jederzeit zu entwickeln, ist daher die erste Aufgabe.

Das ist nicht so abstrakt wie es klingt. (Es ist übrigens eine Position, in der ich mit Helmut Schmidt einig bin.) Es bedeutete, dass ich mich immer dann zu politischem Tun aufgerufen fühlte, wenn die Verfassung der Freiheit selbst in Frage stand. Darin war ich wahrscheinlich einig mit dem Mann, der in gewisser Weise meinen ganzen politischen Werdegang begleitet hat, nämlich Willy Brandt. Im Haus von Annedore Leber traf ich ihn schon 1945, als er Presseoffizier in der norwegischen Armee war. Brandt verehrte Leber, den er aus der gemeinsamen Lübecker Zeit vor 1933 gut kannte. Später vertrat er das standhafte, freiheitsbewusste Berlin in der Zeit der kommunistischen Bedrohung. 1961 versuchte er, einen Bundestagswahlkampf nach dem Muster seines Vorbildes John F. Kennedy zu inszenieren. Dazu gehörte auch ein intellektueller Beraterkreis, den Waldemar von Knoeringen für ihn zusammengestellt hatte; aber kurioserweise sahen wir den Kanzlerkandidaten nicht ein einziges Mal. Brandt langweilte sich rasch und zugleich sehr ungern, was mich weniger störte als seine Mitarbeiter.

Zur Langeweile blieb ihm allerdings nach seiner Ernennung zum Aussenminister 1966 nicht mehr viel Gelegenheit. Als er 1969 die Bundesregierung bildete und die erste Regierungserklärung abgab («Wir wollen mehr Demokratie wagen»), lag ich ihm zu Füssen. Ich war Parlamentarischer Staatssekretär im von Walter Scheel geführten Auswärtigen Amt. «Haben Sie sich das auch gut überlegt?» fragte mich Brandt, als ich ein Jahr später nach Brüssel ging. Nein, das hatte ich nicht, aber Brandt verstand meine Entscheidung.

Brandt blieb immer etwas ungreifbar und unbestimmt, genau wie das bekannte Meistermann-Porträt von ihm. Indes verbanden uns tiefe Erinnerungen, auch die an die Arbeiterbewegung, und manche Verwandtschaft des Temperaments. Nicht lange vor seinem Tod flogen wir zu zweit in einer Privatmaschine von Dresden nach Hamburg und sprachen wie ein Vater und sein erwachsener Sohn von vorletzten Dingen. Ein Liberaler war er nicht, aber doch ein Sozialdemokrat, für den, wie für meinen Vater, die Freiheit Voraussetzung alles anderen war.

In den 1960er Jahren wurde deutsche Politik zunehmend zur Verfassungspolitik: Würden die Institutionen der Demokratie den überfälligen Wandel, zu dem auch der Wechsel der Regierungsparteien gehörte, zustandebringen, oder konnte nur noch ausserparlamentarische Opposition helfen? Als die Versuchung, selbst den parlamentarischen Weg zu beschreiten, an mich herantrat, widerstand ich ihr nicht. Als Abgeordneter der FDP zuerst im baden-württembergischen Landtag und dann im Deutschen Bundestag sowie in einem scheinbar immerwährenden Wahlkampf 1968–69 trug ich mein Scherflein zum Machtwechsel bei. Doch ist das eine andere Geschichte, die für den Achtundzwanzigjährigen noch in weiter Ferne lag.

Ein späteres Ereignis lag in der Tat in gewisser Weise näher; das war die Revolution von 1989, die dem osteuropäischen

Nomenklatura-Kommunismus ein Ende setzte. 1945 und 1989 sind für mich die beiden Befreiungsdaten des sonst so mörderischen 20. Jahrhunderts. 1945 war ich mitten drin im Geschehen, allerdings vorwiegend in leidender, nicht in handelnder Rolle. 1989 war ich, wenn es so etwas gibt, aktiver Beobachter. Am St. Antony's College in Oxford, das ich leitete, wirkte nicht nur der unvergleichliche Chronist der ostmitteleuropäischen Ereignisse, Timothy Garton Ash, sondern es kamen auch viele der Hauptakteure, um zu verschnaufen und von ihren Ländern zu berichten. Was wir «Seminare» nannten, waren tatsächlich wöchentliche Bestandsaufnahmen. Meine Kollegen und ich erwiderten die Besuche, halfen beim Weg in die Freiheit, wo wir konnten, mit ein bisschen Geld (ich leitete eine Stiftung zur Förderung zum Beispiel von Zeitschriften, die der «Hamburger Akademischen Rundschau» der Nachkriegszeit nicht unähnlich waren) und vielen guten Worten.

Als die Protagonisten der grossen Freiheitsrevolution von 1989 sich zehn Jahre später in Wien noch einmal trafen, brachte ich viel Verständnis auf für ihre Melancholie. Sie hatten, wie vor allem Adam Michnik betonte, eine neue Politik gewollt; Vaclav Havel sinnierte sogar, nur eine ganz neue Politik könne rechtfertigen, was sie getan hätten; jetzt indes sahen sie überall Normalisierung. Viktor Orban, der ungarische Ministerpräsident und der Jüngste unter den alten Kombattanten, fand das ganz in Ordnung. Was sonst sollte Politik in freien Gesellschaften sein, wenn nicht normal? Ich fand mich gespaltenen Sinnes. Orbans gibt es viele, aber einen Michnik und Geremek, einen Havel und Dienstbier, einen Göncz und Zhelev, gibt es jeweils nur einmal.

Meine Sympathien lagen also bei den melancholischen Revolutionären, aber ich wusste auch, dass Orban recht hatte. Es ist eine merkwürdige Sache, wenn man Politik vornehmlich als Verfassungspolitik mag. Wenn sie nötig ist, steht es schlecht um die Dinge; dann ist die Verfassung der Freiheit selbst in Gefahr.

Hat sie ihr Ziel erreicht, dann wird sie selber entbehrlich. Die Wähler spüren das. Als ich 1998 mit Jiri Dienstbier durch die Strassen der Prager Innenstadt spazierte, kamen die Leute aus den Geschäften, um ihm freudig die Hände zu schütteln. Was willst du (sagte ich zu ihm), du siehst doch, wie gern sie dich mögen! «Ja, ja», entgegnete er, «aber sie wählen andere.» In normalen Zeiten ziehen die Leute es vor, Macher ans Ruder zu bringen. Die Verfassungspolitiker stehen dann in Reserve und beschäftigen sich mit anderen Dingen.

16 *Der Gelehrte*

Die folgende Geschichte handelt vornehmlich von einem Mann, meinem akademischen Lehrer Ernst Zinn. Davon, dass ich seit 1947 Universitätsstudent war, ist bisher kaum die Rede gewesen. Bei diesem Schweigen wäre es möglicherweise auch geblieben, wenn der eher dilatorische Anfang meines Studiums in den Fächern Philosophie und Germanistik sich bis zu einem zwar halbwegs anständigen aber sonst nicht erwähnenswerten Abschluss fortgesetzt hätte. Das war jedoch nicht der Fall. In meinem vierten Semester besuchte ich ein philosophisches Proseminar über «Schriften zur Erkenntnistheorie». Die Veranstaltung war, wie viele andere in den «Massenfächern», überfüllt. Studentische Referate wurden mehrfach vergeben, wobei jeweils nur eines zum Vortrag kam und bewertet wurde. Ich war der dritte in der Reihe für ein Referat über «Spinozas Ethik und ihre Begründung». Der Zufall wollte es, dass die beiden Referenten vor mir aus irgendwelchen Gründen ausfielen. So trug ich meines vor; der Dozent, Professor Sauer mochte es und lud mich zu einem Gespräch über meine Studienpläne ein.

Ich wüsste sonst nichts über den Philosophen Sauer zu sagen, noch nicht einmal seinen vollen Namen, aber in einer Schlüsselsituation wurde sein Rat für mich folgenreich. «Philosophie und Germanistik», sagte er, «das ist zu wenig. Wenn Sie schon Philosophie machen wollen, dann gehört dazu eine solide, eine harte Fächerkombination, also Mathematik und Physik oder Klassische Philologie.» Ich hätte gerne Mathematik und Physik gewählt. Oder war ich dafür schon zu alt? Bei Griechisch und Latein gab es wenigstens den entfernten Anhaltspunkt meiner ersten Gymnasialjahre. So ging ich ins Institut («Seminar» hiess das in den geisteswissenschaftlichen Fächern) für Klassische Philologie und fand dort den Privatdozenten, also den Noch-nicht-Professor, Dr. Ernst Zinn. Er sollte in den kommenden Jahren meine intellektuelle Entwicklung nachhaltig prägen.

Zinn vergab immer Aufgaben. Wenn man zu ihm ging, stellte er allerlei verblüffende Fragen und entliess einen dann mit einem zu lösenden Problem. Die erste Aufgabe, die er mir zudachte, schien mir zunächst sehr merkwürdig, ja beinahe abwegig. Ich sollte zwei auf den ersten Blick ununterscheidbare Buchausgaben von Hugo von Hofmannsthals «Der Tor und der Tod» vergleichen. Beide waren in der Insel-Bücherei erschienen. Was war der mögliche Sinn des Vergleichs? Die Antwort ist, Fehler zu finden. Damals gab es keine photomechanische, geschweige denn elektronische, Wiedergabe von Texten; die spätere Auflage war wie die erste von Hand gesetzt. So fand ich tatsächlich – und mit eigentümlichem Stolz – zwei Dutzend Unterschiede und begann zu verstehen, was mit Texten im Verlauf ihrer Überlieferung geschehen konnte. Später schrieb ich für ein Zinn-Seminar ein Referat über den «Begriff der Fehlleistung und seine Anwendbarkeit auf die Textkritik». Durch die Jahrhunderte hin haben abschreibende Mönche, später Buchdrucker, zuweilen folgenschwere Fehler gemacht, die die Textkritik aufzuklären sucht.

Und die Klassische Philologie? Es war nur eine von Zinns vielen Qualitäten, dass er Philologe im vollen Sinn des Wortes war; er liebte das Wort, in welcher Sprache auch immer. Seine Rilke-Ausgabe wird als editorisches Meisterwerk gepriesen; aber meisterlich ist auch sein Aufsatz über «Die Dichter des alten Rom und die Anfänge des Weltgedichts». Zinn war damals noch nicht 40 Jahre alt, ein eher fülliger, grosser Mann, doch unverkennbar diszipliniert, vor allem in seiner Sprache, also eben der Wahl der geliebten Worte. Er hatte über Horaz promoviert, über Virgil gearbeitet, früh schon die lateinische Antike mit dem europäischen Mittelalter verknüpft und über die Epochengrenzen hinaus geblickt, zum 18. Jahrhundert und weiter zur Moderne, zu Rilke, Hofmannsthal, Borchardt. Ein pädagogischer Zug in seinem Wesen blieb unverkennbar und nahm die Empfänglichen bald gefangen, wohl weil der Lehrer stets für Überraschungen gut war. In einem Semester kündigte er eine Virgil-Vorlesung an und las uns in dieser die gesamte «Aeneis» vor, sonst nichts.

Im Winter 1949–50 hielt Zinn ein sogenanntes Proseminar ab über die Geschichte der Philologie. Jeder von uns zwölf Teilnehmern bekam einen bedeutenden Philologen zugewiesen, über den wir berichten mussten. In meinem Fall was das der eigenwillige Bonner Professor Hermann Usener (1834–1905). Usener hatte alles getan, was man von einem Altphilologen erwartet, also Texte (vor allem von Dionysius Halicarnassus) herausgegeben, diese emendiert und interpretiert und sich zuweilen zu allgemeineren Fragen geäussert. Vor allem aber war ihm eines Tages die für Philologen unorthodoxe Einsicht gekommen, dass nicht jede Ähnlichkeit von Texten, dann auch von Mythen und religiösen Vorstellungen, auf eine Abhängigkeit schliessen lässt. Nicht immer führt eine aufdeckbare Spur vom Früheren zum Späteren; es kann vielmehr sein, dass ähnliche Erfahrungen zu verschiedenen Zeiten unabhängig voneinander zu ähnlichen Ausdrucksformen führen. Mythen, auch Götternamen liefern dafür Belege. Mir, der ich Verschwörungstheorien abhold war, gefiel das. Wichtiger, es gefiel Useners Schüler Aby Warburg, dessen originelle kunstgeschichtlichen Interpretationen von dieser Annahme ausgehen. Botticellis Venus muss nicht auf der direkten Überlieferung von Aphrodite-Darstellungen der Antike beruhen.

In jenem Proseminar berichteten wir nicht nur über «unseren» Philologen, sondern wir mussten auch ein Bild, ein Autogramm und vor allem die gesammelten Werke des Mannes mitbringen.

Das war bei Usener nicht gar so schwer, aber Georg Nicolaus («Nico») Knauer, der Theodor Mommsen zugeteilt bekam, brauchte ein Taxi, um dessen gesammelte Werke herbeizuschaffen. Das war für ihn darum besonders schwierig, weil er im Krieg ein Bein verloren hatte. Doch konnte ihm das viele Jahre lang nicht seine jugendliche Frische rauben. Er wurde bald zum Freund im emphatischen Sinn junger Leute. Wir redeten und redeten und redeten. Später, als er schon mit seiner Frau Kezia, einer klugen und schönen Archäologin, zusammenlebte, unternahmen wir gemeinsame Reisen. Immer ging es dabei um Bezüge und um Bedeutung. Nicht zufällig handelten auch Nico Knauers wissenschaftlichen Arbeiten von Bezügen: «Psalmenzitate in Augustins ‹Konfessionen›», und dann «Homer bei Virgil». Nico und Kezia («Ni-Ke» um ihre Gemeinsamkeit zu unterstreichen) taten nichts nur so, aus Spassvergnügen oder einer plötzlichen Eingebung folgend.

Einmal nahm Nico mich mit in das Benediktinerkloster Beuron im schwäbischen Donautal. Die Begegnung mit Pater Bonifatius (Fischer) war die vollendete Gelehrtenerfahrung. Der Mönch, der selbstverständlich der Regel streng folgte, gab in Beuron die früheste lateinische Bibelübersetzung heraus, die *Vulgata*. Er hatte zu diesem Zweck einen Raum, einen Saal eher, mit sechs Schreibtischen. Auf einem wurde die nächste Seite des komplizierten Textes komponiert, auf einem zweiten lagen die Ursprungstexte, aus denen er schöpfte, auf einem dritten die relevante Sekundärliteratur, an dem vierten und fünften Schreibtisch befasste der Pater sich mit anderen Themen, und an dem sechsten las er die Bibel. Immer wenn er eine Seite fertig komponiert hatte, klingelte er, und von nebenan kam der Bruder Drucker herein, der sofort daranging, den Text zu setzen und dann die Korrekturen zu bringen. Die mönchische Abgeschiedenheit habe ich manchmal erträumt, indes wohl nie wirklich gesucht; die sechs Schreibtische aber habe ich seither wenigstens annähernd zu kopieren versucht, allerdings ohne den dienstfertigen Bruder Drucker nebenan.

Doch zurück an die geschäftige Hamburger Universität. Vom Proseminar konnte man irgendwann ins Oberseminar aufsteigen, das dann nicht mehr von Zinn, sondern von den ordentlichen Professoren Snell und Knoche geleitet wurde. Bruno Snell, der weltläufige Graecist, hielt nachhallende Vorlesungen über Griechische Grammatik und den Ursprung der Sprache. Er hatte gerade das einflussreiche Buch über «Die Entdeckung des Geistes» veröffentlicht, das den ohnehin verbreiteten Hang zu den Vorsokratikern und der frühen griechischen Dichtung noch verstärkte. Ausserdem hatte er eine lebenslustige und intelligente Tochter, die uns sehr enttäuschte, als sie nicht einen von uns, sondern einen Mathematiker heiratete.

Voraussetzung für die Aufnahme ins Philosophische Oberseminar war eine selbständige wissenschaftliche Arbeit. Zinn gab mir eine bisher unbekannte Pergamenthandschrift in ziemlich misslichem, mehrfach durchlöchertem Zustand; sie stammte aus dem Einband eines alten Buches und war ihm von seinem Freund Hermann Schöne geliehen worden. Ich sollte die Handschrift restaurieren, identifizieren, textkritisch mit anderen Ausgaben vergleichen, datieren und tun, was es sonst noch Sinnvolles damit zu tun gab. Den Text zu identifizieren bereitete mir schlaflose Nächte. Als ich des Rätsels Lösung gefunden hatte, ging ich auf einen langen Spaziergang mit meiner Freundin Ingeborg, einer zukünftigen Lehrerin, und hörte gar nicht mehr auf, sie mit meinen Triumphgefühlen zu traktieren. Es handelte sich um ein Werkchen von einiger Bedeutungslosigkeit, nämlich Scholien, also Kommentare, zu dem eher ermüdenden Epos «Thebais» von Papinius Statius; die Scholien werden möglicherweise fälschlich von der Überlieferung einem Lactantius Placidus im 5. oder 6. Jahrhundert zugeordnet. Mein «Pergament» stammte wohl aus dem 11. Jahrhundert und einem südfranzösichen Kloster. Darüber schrieb ich äusserst detailliert und verfasste so mein erstes mehr als hundertseitiges Manuskript, nämlich 101 Seiten.

14 Im Garten des elterlichen Hauses in Blankenese, 1953. Vater, Mutter und Bruder; rechts Vera, meine erste Frau.

Allerlei Dahrendorfs

15 Mit Ellen, meiner zweiten Frau, beim Familientreffen im angeblichen Herkunfsort der Dahrendorfs, 1977.

16 Die drei Töchter – von links: Daphne, Sandy (Alexandra), Nicola – lächeln fröhlich unter dem Ortsschild mit ihrem Namen, wenngleich der Anlass sie eher verwirrte.

17 Der Poet, in Rom: Mein Lieblingsplatz bei der Domus Livia auf dem Palatin. 1952.

18 Kapitän auf großer Fahrt? Am Steuer der «Millerntor» auf dem Nordatlantik. 1951.

19 Blumen und Verse für den verehrten Doktorvater, den Philosophen Josef König (1893–1974), zu seinem späten Abschied vom Junggesellenleben. 1951.

20 Karl Popper wurde vom Lehrer zum Freund. Hier bei seinem 90. Geburtstag 1992 im Garten seines Hauses in Kenley. Neben Popper Lady Gombrich, die Frau des Kunsthistorikers Ernst Gombrich.

Das Glück, bedeutende Lehrer zu finden

23 An meinem 29. Geburtstag wurde ich Professor in Hamburg. Politische Soziologie war ein frühes Thema meiner Vorlesungen.

21 Werner Gilles (1894–1961) der Maler der Schluchten und Dämonen, gab mir manchen guten Rat.

22 Ernst Zinn (1910–1990) der Philologe, hatte ein ganzes Gelehrtenleben für mich geplant.

24 «Der Mann, der in gewisserr Weise meinen ganzen politischen Werdegang seit 1945 begleitet hat», Willy Brandt. Hinter ihm Walter Scheel, bei meiner Rede im Bundestag 1970.

Von Mentoren zu Kollegen

25 «Als ich selbst 1993 ins House of Lords kam, wählte ich Lord Annan als einen der beiden Sponsoren, die neue Peers förmlich einführen. Der andere war Lord (Roy) Jenkins, der frühere Innenminister, Schatzkanzler und Präsident der Europäischen Kommission.» Oberstleutnant Noël Annan (rechts im Bild) hatte meinen Vater und mich 1946 nach dem hastigen Weggang aus Berlin im Westen empfangen.

Ob irgend jemand es je gelesen hat, weiss ich nicht, aber für die Aufnahme ins Oberseminar reichte es.

In dieser Zeit, 1950–51, lud Zinn mich zuweilen zu sich nach Hause ein. Er lebte östlich von Hamburg am Rande des Sachsenwaldes, in dem wir gelegentlich am Wochenende herumliefen. Das waren keine müssigen Spaziergänge. Einmal, als wir auf einem Baumstumpf hockten, zog er ein Buch aus der Manteltasche und forderte mich auf, es zu lesen. Es war eine Sanskrit-Grammatik, und ich sass ratlos davor. Das war kurze Zeit nachdem er mir in der Universität einen Zettel zugesteckt hatte, der allein schon einige Aufmerksamkeit verlangte:

«1. Sich zum Geburtstag wünschen:
Kluge-Götze, Deutsches etymologisches Wörterbuch.
Neuausgabe 1948 od. 49.
Platonis Opera ed Burnet, Band II (Oxford University Press)
2. Bitte folgenden Vorschlag durchdenken:
Was ergibt sich, wenn man notiert:
je zehn Belege für *einai* aus
a) Ilias b) Odyssee c) übrige Homerica
auf je einem Blatt, dabei darauf achten, dass jeder
einzelne Beleg
A) möglichst eine neue Variante,
B) möglichst eine neue Bedeutungsnuance
hinzubringt?
3. mea parvitas die Domenica mensis Julii prima aut altera
ambulando vacat.»

Ich war schon froh, als ich den letzten Satz entziffert hatte. Mea parvitas? «Meine Wenigkeit hat am ersten oder zweiten Sonntag des Monats Juli Zeit zum Spazierengehen.»

Vielleicht war das der erwähnte Spaziergang; denn auch in der auf dem Baumstumpf produzierten Grammatik ging es um das Wort für «sein», nur eben in Sanskrit. «Sein» nicht im tiefen

Heideggerschen Sinn, sondern schlicht als «ich bin» und «sie ist», eben *einai*. Hinter Zinns Vorschlag, die homerischen Textstellen zu suchen, stand ein ganzer Lebensplan für mich. Zinn hatte nämlich beschlossen, ich sollte Philologe werden, ein wahrer Gelehrter. Er hatte dies nicht nur beschlossen, sondern mir auch schon ein Thema zugedacht, eben das *einai*, also die häufigste und möglicherweise schwierigste Vokabel. Mehr noch, er hatte beim Thesaurus Linguae Graecae, dem grossen Wörterbuch des Griechischen angefragt, ob das Wort noch hinlänglich «frei» wäre, um mir bei der Abfassung des fraglichen Artikels einen Platz zu geben.

Ich war überwältigt. In Sekundenschnelle konnte ich einen ganzen Lebenslauf vorhersehen; ebenso schnell war dieser in die Angst getaucht, es vielleicht nicht zu schaffen; dann kamen die Zweifel hinzu, ob ich diesen Weg überhaupt gehen wollte. Ich ging ihn nicht. Zinn nahm meine Entscheidung ohne sichtbare Reaktion hin, war aber doch wohl enttäuscht. «Platons Werke, Bd. II» hatten auf seinem Wunschzettel für mich gestanden. Darin findet sich ein eher harmloser Dialog namens «Lysis», den zu übersetzen Zinn mich anregte. Im ersten Satz kommt die ganz praktische Formulierung vor:

ten exo teichous hyp' auto to teichos.

Sokrates, von dem die Rede ist, nahm «den [Weg] ausserhalb der Mauer unmittelbar unter ihr entlang», als er von der Akademie zum Lyceum ging. Mit der griechischen Formulierung dedizierte Zinn mir eines seiner Insel-Bändchen mit Rilke-Gedichten. So sah ich meine Lage auch; ich war nahe dran, aber eben doch ausserhalb der Mauer, das offene Feld im Blick, nicht eingebunden in die von ihr beschützte Gemeinde.

Die Geschichte hat mehrere Fortsetzungen, die hier nur angedeutet zu werden brauchen. Die erste ist, dass ich dann in Philosophie und mit einem modernen Thema promovierte, was noch zu schildern sein wird. Dem Doktor folgte der Weg in die noch moderneren Sozialwissenschaften, die Soziologie. Kann ein Soziologe Gelehrter sein? Die Klassiker, allen voran Max Weber, waren es wohl. Spätere kamen natürlich auch in *Kürschners Deutschen Gelehrtenkalender*. Und die Tugenden, die Zinn vertrat, konnten sie allemal pflegen. Zinn liebte das Wort «Kompetenz», das Sich-auf-etwas-Verstehen, *sophos* mit dem *accusativus graecus*. Er war indes auch einer jener Gelehrten, die nur schwer und selten zum Schreiben kamen, weil es immer noch etwas zu erforschen und zu bedenken gab. Er war ein Gelehrter alten Stils.

Trotz des frühen Endes unserer Gelehrten-Beziehung blieben Zinns und mein Leben miteinander verschränkt, und zwar auf eine Weise, die vor allem mir zugute kam. Als ich 1954 holterdipolter das Frankfurter Institut für Sozialforschung verliess, war es Zinn, der mich mit dem Rektor der Universität Saarbrücken, dem Germanisten Jean-François Angelloz, zusammenbrachte, was dann zu meiner Ernennung zum Assistenten führte. Zinn hatte in Saarbrücken seinen ersten Lehrstuhl.

1960 war Zinn bereits in Tübingen etabliert, der Universität, an der er bis zu seinem Tode 1990 wirken sollte. Er gehörte der Philosophischen Fakultät an, die mich, den gerade 31jährigen, auf den neugeschaffenen Lehrstuhl für Soziologie berief. Eine Zeitlang waren wir also Fakultätskollegen. In dem Masse allerdings, in dem ich mich mit öffentlichen Dingen und insbesondere mit der Bildungsreform beschäftigte, kühlte unsere Beziehung ab, wie übrigens auch die zu Ni-Ke Knauer. Für altmodische Gelehrte konnte Veränderung nur Verschlechterung bedeuten. Dann kam «1968», und obwohl ich mit dem Plädoyer für die parlamentarische Opposition den Widerpart zu den Revoluzzern vertrat, haftete mir schon wegen der Bereitschaft zur Diskussion ein Makel an. Knauer, der damals an der Freien Universität Berlin, dem Zentrum der Turbulenzen lehrte, konnte die (nach seiner Meinung) drohende Barbarei nicht ertragen und wanderte in die Vereinigten

Staaten aus. Zinn sah ich nur noch selten und ohne den inneren Kontakt neu zu knüpfen. So entging beiden, wie viel von ihrem Eros der reinen Wissenschaft mich durch alle Anwendungen und Anfechtungen späterer Jahre hin begleitet hat.

17 *Der Kapitän (auf grosser Fahrt)*

Auf die Frage der «Frankfurter Allgemeinen Zeitung», was ich denn gerne hätte werden wollen, fiel mir die halb-ernste Antwort nicht schwer: Kapitän auf grosser Fahrt, ein Seemann also, ausgestattet mit dem Patent, grosse Schiffe auf allen Weltmeeren zu führen. Das blieb ein Traum und war doch nicht ganz aus der Luft gegriffen. Ich sehe mich noch in den Märztagen 1951 viele Stunden lang allein mit dem Kapitän auf der Brücke der «Millerntor», er gemächlich hin und her schreitend, ohne je die weite See aus dem Blick zu verlieren, ich am Ruder, stolz wenn es mir gelang, den Kurs genau zu halten. Von Santiago de Cuba ging es zu den Azoren, wo unser lecker Wassertank repariert werden musste, dann nach Bremerhaven, um dort die Zuckersäcke in unseren Luken abzuliefern. Kapitän Dübbelde war Ostfriese wie die meisten Männer der Besatzung, und so wurden nicht viele Worte gewechselt zwischen ihm und seinem Rudergänger, aber mir imponierte der Mann, seine Art und seine Rolle im Gang der Dinge.

Es war keine einfache Fahrt gewesen. Sie begann, wo sie endete, in Bremerhaven. Das heisst, eigentlich begann sie im elterlichen Wohnzimmer, bei einem Besuch des Eigentümers der Hamburg-Emdener Reederei Fisser & van Doornum. «Wenn der Junge mal mitfahren will, lässt sich das arrangieren», hatte Carl Fisser gesagt. Mein Freund auch? «Ja, auch dein Freund. Ihr müsst aber ein bisschen mithelfen an Bord.» Mein Freund Hans und ich wurden regelrecht angeheuert, er als «Verwalter», ich als «Messesteward», und wir bekamen unsere Papiere, das Seemannsbuch und den Seefahrtsschein, die ganz ohne Visa auch als Reisepässe dienten. Am 12. Januar gingen wir mit einigem Sack und Pack, vor allem mit den für die Arbeit an der Dissertation benötigten Büchern, an Bord. Wir hatten eine Zweier-Kajüte mitschiffs und assen zwar nicht mit dem Kapitän, der es vorzog, alleine zu tafeln, aber mit den Offizieren, dem Ersten, dem Zweiten und dem «Chief», also dem leitenden Schiffsingenieur.

Die «Millerntor» war mit ihren 4500 Bruttoregistertonnen klein und vor allem alt. Sie war 1919 bereits als Reparationszahlung an eine britische Reederei gegangen, dann in den 30er Jahren an einen niederländischen Eigentümer verkauft und nun für die gerade wieder entstehende deutsche Handelsflotte vor dem Abwracken bewahrt worden. Fast sollte der Sturm auf dem Nordatlantik dieses Geschäft besorgen. In Antwerpen hatten wir Schrott für New York geladen. Der lag tief unten in den Luken, was nicht nur die Schlingerbewegungen des alten Kastens verstärkte, sondern vor allem die Gefahr mit sich brachte, dass das Schiff im Nu voll Wasser laufen würde, wenn eine besonders bösartige Welle einen Lukendeckel zerstörte.

Viel fehlte nicht an diesem Schicksal. Wir kamen in schwere Januarstürme, sahen tagelang nur Gischt und tiefhängende, drohende Wolken. Ein paar mächtige Brecher rissen einen Teil der Brücke weg. Einer von ihnen liess unsere Kabinentür bersten und setzte die Kabine unter Wasser. «Wintertag im Nordatlantik» murmelte der Erste Offizier namens Kromminga ein um das andere Mal und schüttelte dazu den Kopf. Nur einer blieb gespenstisch unberührt, ein immer adretter älterer Herr mit dem Titel «Superkargo». Er war Kapitän eines Passagierschiffs gewesen und hatte bessere Tage gesehen; jetzt sollte er wohl im Namen der Eigentümer den Schrott bewachen. Ausserdem war er ein Schopenhauer-Narr. Als der Sturm am schlimmsten wütete, suchte er uns mit dem Hinweis zu trösten, dass alles, was wir sähen, in Wirklichkeit gar nicht existierte, sondern nur unserer Vorstellung entspringe.

Die Überfahrt dauerte fast vierzehn Tage. Da manche von uns etwas mitgenommen waren, tat Kapitän Dübbelde etwas Ungewöhnliches und gab Alkohol frei, nachdem bei Nantucket der Hafenlotse an Bord gekommen war. So geschah es, dass wir den Ersten Offizier, einen Nichttrinker, dahin wünschten, wo der Pfeffer wächst, als er kam, um uns zu sagen, man könne jetzt die Skyline von New York sehen. Wir merkten kaum, wie die «Millerntor» an der Bethlehem Steel Pier auf der New Jersey-Seite des Hudson festmachte.

Bei einbrechender Dunkelheit, und keineswegs ganz bei Sinnen, schlugen wir einmal mehr den Rat der Offiziere in den Wind und machten uns mit unseren wenigen Dollars in der Tasche auf den Weg durch den Lincoln Tunnel in die Stadt. Wohin? Die Matrosen hatten uns vom deutschen Viertel erzählt, Yorkville. Dort landeten wir in einer Kneipe namens «Mozart Hall», wurden zu weiteren Drinks eingeladen und schliesslich ein Stockwerk höher zum gerade tagenden Vorstand des deutsch-amerikanischen Fussballbundes geführt. Der suchte dringend Nachwuchs; doch erlahmte die Begeisterung der Herren rasch, als wir ihnen unsere «Adresse» gaben, Pier 13, Hoboken. Wir kamen nicht heil zurück an Bord. Am Bus-Bahnhof ging Hans bedrohlich schreiend auf einige Frauen in der Warteschlange los. Er wurde umgehend von zwei bärbeissigen Polizisten verhaftet. Ich fand mühsam zum Schiff zurück und erzählte dem wachhabenden Offizier voller Entsetzen, was passiert war. Der lachte so schallend, dass ich mich in unsere Kabine verdrückte und in einen bleiernen Schlaf sank.

Morgens war Hans wieder da. Er hatte die Nacht im nicht sehr zartfühlenden New Yorker Polizeigewahrsam verbracht. Hans war jahrelang sozusagen mein Seelenfreund. Auslandsdeutscher, in Madrid geboren, hatte er eine ganz andere Perspektive auf Nazi-Deutschland als ich. Aber Politik stand für ihn nie in der ersten Linie. Er studierte (fünfzehn Jahre lang) Psychologie, und während er am Ende bei der experimentellen Psychologie landete, blieb doch sein Interesse am Seelenleben, seinem und dem seiner Freunde und Bekannten, immer wach. Er hatte einen Hang zu Gartenhäusern, Lauben beinahe, zuerst in Hamburg und später in Tübingen. Das war auch angemessen angesichts seiner Parties mit manchmal merkwürdigen Gästen, seiner vielen Freundinnen und vor allem seiner grossen Hunde. Dass unsere Freundschaft zwischen alledem noch Platz fand, ist eher überraschend (zumal ich die Nähe von Hunden, insbesondere grossen, nicht gerade suchte), aber mindestens zehn Jahre lang erzählten wir einander alles, ich glaube wirklich alles.

Der Rest der Reise verlief etwas weniger dramatisch, blieb aber voller Überraschungen. Als wir den Kater weggeschlafen hatten, holten wir auf der Staten Island Ferry für damals 5 Cents das Erlebnis der Ankunft in New York nach. New York war ein langsamer Hafen, ohne Kräne, so dass das Entladen zwei Wochen dauerte. Wir gingen zur Columbia-Universität, mit der mich später eine Gastprofessur, der lebenslange Freund Fritz Stern und sogar ein Ehrendoktorat verbinden sollten. Jetzt fanden wir dort vor allem die Auslandsreferentin, eine lebenslustige, hilfreiche Pädagogik-Studentin. Am Wochenende nahm sie uns im Auto mit in eine Kleinstadt im Norden des Staates New York, wo sie als Praktikantin gearbeitet hatte. An der Tankstelle führte sie uns vor und fand sogleich Quartiere für die Freunde aus der Ferne. Am Sonntagmorgen machte der Pfarrer in der Kirche meiner Gastgeber mich ganz verlegen, als er während seiner Predigt den willkommenen Gast von weither begrüsste. Noch waren – man darf es nicht vergessen – nur wenige Jahre seit dem Ende des Krieges vergangen.

Die Fahrt in Ballast, also ohne Ladung, nach Kuba führte bald in wärmere Breiten und damit zu ein bisschen Seemannsromantik an langen Abenden mit Liedern und Geschichten an Deck. Auch Cienfuegos und Santiago waren langsame Häfen. Hans' Spanisch half uns, sogleich Kontakte zu knüpfen. War der damals 25jährige Fidel Castro schon in den Bergen? In den Städten herrschten jedenfalls noch andere. Wir sahen Spuren der örtlichen Korruption und hörten Geschichten über amerikanischen Kolonialismus – was allerdings weder uns noch unsere neuen Bekannten daran hinderte, auf der schattigen Allee im Stadtzentrum zu flanieren, Exkursionen zu den Zuckerplantagen zu machen und ein paarmal, vor allem in Santiago, mit deutschen Emigranten auf der Terrasse ihrer Häuser Highballs zu schlürfen. Wir lernten, mit bettelnden Kindern umzugehen, ohne dass sie oder wir das Lächeln verloren. Wir begriffen sogar, dass einer, der sagte, Amerika müsse seinen eigenen Weg stolz und selbstbewusst gehen, damit nicht die Vereinigten Staaten meinte, sondern im Gegenteil Lateinamerika.

Am Freitag, dem 13. März 1951, legten wir vollbeladen von Santiago de Kuba ab. Kapitän Dübbelde hätte auf seine abergläubischen Offiziere hören und einen Tag warten sollen; aber er wollte dem Reeder die Hafengebühr sparen. Kaum war der Lotse von Bord, da hatte der «Chief» einen Herzanfall. Wir mussten nicht nur umkehren, sondern den rundlichen, immer humorigen Mann zurücklassen. Als drückte das nicht genug auf die Stimmung, wurde das Leck in unserem Wassertank entdeckt, das in Punta Delgada auf den Azoren nur notdürftig repariert werden konnte. Langsam kam die Heimat dennoch näher, und mit ihr ganz andere Gedanken. Meine Dissertation hatte es mit Karl Marx zu tun. Wenn ich heute darüber nachdenke, wird mir mit Kopfschütteln bewusst, dass ich die *Kritik der politischen Ökonomie* und *Das Kapital* nach New York auf dem Höhepunkt der Kommunistenjagden des Senators McCarthy und dann nach Kuba im Vorfeld der Castro-Revolution mitgeschleppt hatte. Immerhin war genügend Zeit geblieben, um beide zu lesen.

Ein paar Jahre lang blickte ich in Hamburg voller Sehnsucht auf den Hafen, und manchmal auch auf die Seefahrtsschule oberhalb der Landungsbrücken in St. Pauli, wo zukünftige Kapitäne ausgebildet werden. Dreimal überquerte ich noch den Atlantik in kleineren oder grösseren Schiffen und mit ungeteiltem Vergnügen (sowie ohne Winterstürme). Im übrigen aber blieb vom Kapitän auf grosser Fahrt vornehmlich die grosse Fahrt. Dabei halfen meine diversen Tätigkeiten. Als Europa-Kommissar für Aussenhandel und Aussenbeziehungen reiste ich um die ganze Welt, wenn auch vornehmlich, um der neuseeländischen Regierung die Folgen des britischen Beitritts zu Europa zu erklären oder mit den Vertretern der Anden-Gruppe in Lima ein Kooperationsabkommen auszuhandeln. Als Trustee der Ford Foundation bekam ich tiefere Einblicke in die Wirkungen der Sandinisten-Revolution in Nicaragua, städtische Wohnungsbauprogramme in Südindien, Alternativen zum Drogenanbau in Thailand. Aber Flugzeuge sind keine Schiffe – und Schiffe sind auch nicht mehr das, was sie waren, sei es nur, weil ostfriesische Kapitäne zumeist landgängig geworden sind.

Das Glück, gleich zwei bedeutende Lehrer zu finden, hatten in meiner Studienzeit nicht viele. Ich konnte, nach dem geistigen Abschied von Ernst Zinn, zu meinem Philosophie-Professor Josef König gehen. Vielmehr war ich schon bei ihm im Seminar, in dem er uns mit geduldiger Präzision in die vielschichtigen Bedeutungen wichtiger Texte einführte. Ein einziger Abschnitt in David Humes «Essay über die Prinzipien der Ethik» konnte uns vier, fünf Doppelstunden beschäftigen. Manche wurden ungeduldig; andere, darunter mehrere zukünftige Professoren, aber auch Marcus Bierich, der später bei Mannesmann und vor allem Bosch ein nachdenklicher Unternehmer von hohem Rang werden sollte, liessen sich einfangen von Königs immer etwas zerquältem Gesicht und den langsam entwickelten Gedanken, die er Schritt für Schritt hervorbrachte. Auch Königs Vorlesungen waren Erfahrungen in lebendigem Denken. Für Zinn war «Kompetenz» der entscheidende Wert des Gelehrten, für König war es «Genauigkeit», also keinen Schritt auszulassen auf dem Weg zur Wahrheit.

Der damals 50jährige Junggeselle war in mancher Hinsicht ein Kauz. Zu Hause lebte er mehr in einer Bude als einem Zimmer. Die Strümpfe, die er gerade gewaschen hatte, hingen zum Trocknen über dem Rand des Papierkorbs; das war allerdings auch der einzige Platz, den das Gewusel des Zimmers ihm liess. Ein paar Jahre später überraschte er uns, als er eine ordnungstiftende Frau, eine Kriegerwitwe aus einer angesehenen Hamburger Familie heiratete. Mit Transparenten, auf die wir die Namen grosser Philosophen geschrieben hatten, empfingen wir das Paar am Ausgang der Kirche.

Eines Tages verblüffte er uns Studenten mit der Feststellung, er werde nie verstehen, warum er für etwas, das er ohnehin getan hätte – das Philosophieren –, auch noch bezahlt würde. Das haben nicht viele Professoren gesagt. Ich stellte ihm Fragen dazu, und er antwortete mit einem langen Brief, in dem er seine Argumentation ausbreitete. Man kann das Philosophieren wie das Künstlersein als ein Hobby ansehen, schrieb er. «Und ich geniere mich im Grunde ständig, Geld dafür zu bekommen.» Man kann aber auch argumentieren, dass bestimmte Tätigkeiten mehr sind als ein Hobby, weil etwas Allgemeines (ein *nomos* sagte er) darin steckt. Man tut sie «auto-*nom*», indes gleichsam stellvertretend für andere. «Von daher könnte ich dann auch vielleicht das dafür-Bezahltwerden verstehen, ohne dass dieses Verständnis die gêne des Bezahltwerdens aufhöbe.» Aber genug! fügte er noch hinzu, sonst geraten wir vollends in stürmische See. Mich hat der Gedanke «repräsentativer Tätigkeiten» seither beschäftigt.

Wie andere fand ich es ein bisschen überwältigend, zu ihm in die Sprechstunde oder gar nach Hause zu gehen. Als ich ihn fragte, ob ich bei ihm meine Doktorarbeit schreiben könne, hatte ich mich daher gut vorbereitet. Meine Absicht war es, vergangene Erfahrungen und zukünftige Interessen zu verbinden und über hellenistische Sozialphilosophie zu arbeiten. König liess mich zwar ausreden, fragte dann aber, was mich denn sonst so interessiere. Mit einigem Zögern erzählte ich ihm von meinem journalistischen Tun. Würde er das für seriös genug halten? Mit noch mehr Zögern kam ich auf mein politisches Treiben zu sprechen. War König nicht Offizier gewesen, und zwar eher von der traditionellen als der mir aus dem SDS bekannten Sorte? Ich vermutete in ihm den Deutschnationalen, obwohl von Politik in seinen Seminaren nicht die Rede war. König hörte mir aufmerksam zu und fragte mich dann, ob ich die Dissertation von Karl Marx kenne. Ich war frappiert und antwortete wahrheitsgemäss mit nein. «Dann sehen Sie sich die in der Seminarbibliothek an und kommen danach wieder.»

Marx' Doktorarbeit – mit der er, wie boshafte Zungen behaupteten, zwischen zwei Postkutschen in Jena promovierte – handelte von der hellenistischen Naturphilosophie. Sie sollte, nach den Worten des Autors, Anfang eines umfassenderen Werkes über den Kreis der hellenistischen Philosophie sein. Als ich zu König zurückkam, begann eine Serie von Gesprächen, aus denen sich ein gänzlich anderes Thema herauskristallisierte. Ich wollte nun den Sozialismus von Marx mit den christlichen Soziallehren vergleichen. Dabei blieb es jedoch nicht. Meine Überlegung, den Begriff der Gerechtigkeit als Messlatte des Vergleichs zu benutzen, führte bald zu der Entdeckung, dass Marx selten und dann mit negativem Beiklang von Gerechtigkeit spricht. Das war bei dem Paten der Arbeiterbewegung verblüffend. Die Verblüffung führte zu der Dissertation mit dem Titel «Der Begriff des Gerechten im Denken von Karl Marx».

Die Gespräche fanden im Spätherbst des Jahres 1950 statt. Wir sind also am Anfang der Adenauer-Ära. Nicht nur in den Vereinigten Staaten jagte Senator McCarthy Kommunisten und solche, die er dazu erklärte, weil sie ihm nicht passten, sondern auch in Deutschland standen die Linken nun für lange Zeit, für siebzehn veränderungsträchtige Jahre, in der zunächst sogar schrumpfenden Opposition. Man musste kein Linker sein, um eine philosophische Arbeit über Karl Marx zu schreiben, aber man bewegte sich doch auf schlüpfrigem Boden. Der Zeitgeist wanderte eher in die Gegenrichtung. Im Zusammenhang mit Max Horkheimer und dem Frankfurter Institut für Sozialforschung wird davon noch eine Geschichte zu erzählen sein.

Josef König indes blieb vom Zeitgeist unbeschädigt. Angst vor diesem Gespenst kannte er ohnehin nicht; er trug seinen geistigen Kompass in sich selbst. Für mich war die Dissertation der

Weg, um meinen Kompass einzustellen. Ich las, nicht nur auf der «Millerntor», stimulierte das Nachdenken durch rasche Spaziergänge im Alstertal, prüfte meine Gedanken im Gespräch mit anderen («Kommilitonen» nannte man sie noch) und schrieb am Ende ein 373-Seiten-Opus, das aus drei lose verknüpften Teilen bestand. Der erste war ein Versuch über den Begriff des Gerechten, in dem ich mich an Königs Methode hielt, vom Sprachgebrauch ausgehend allgemeine Aussagen zu entwickeln. Der zweite Teil handelte ausführlich von der Hegelschen Linken, von Ludwig Feuerbach, David Friedrich Strauss und den Brüdern Bauer, Arnold Ruge und den «Deutsch-Französischen Jahrbüchern», also gewissermassen von den «Adenauer-Jahren» des 19. Jahrhunderts zwischen der Juli-Revolution von 1830 und 1848, einer Zeit, die die Liberalen und Linken in der Opposition fand.

Das waren indes nur Fingerübungen für den dritten Teil mit der eigentlichen These der Arbeit. Marx, so argumentierte ich, war im Grunde genommen zwei Marxe, der hegelianische Philosoph und der moderne Sozialwissenschaftler. Gewiss hatte Marx seinen geistigen Herrn und Meister vom Kopf, auf dem er stand, auf die Füsse gestellt. Dachte Hegel noch, «was vernünftig ist, das ist auch wirklich», so kehrte Marx diese (konservative) Position in die (progressive) These: Was vernünftig ist, das *wird* auch wirklich. Das geschieht indes auch für Marx gleichsam ohne menschliches Zutun. «Es handelt sich nicht darum», hiess es in der *Heiligen Familie*, «was dieser oder jener Proletarier oder selbst das ganze Proletariat als Ziel sich einstweilen vorstellt. Es handelt sich darum, was es ist, und was es diesem Sein gemäss geschichtlich zu tun gezwungen sein wird.» Mit anderen Worten, Menschen verfolgen nicht frei gewählte Ziele wie Gerechtigkeit, sondern finden ihre Zwecke in ihrer Lebenslage «unwiderruflich vorgezeichnet». Der Weltgeist geht unbeirrbar seinen Weg, auch über Leichen.

Ich konnte die Macht dieser Argumentation zwar erkennen, stand ihr aber von Anfang an mit allen Kantischen Vorbehalten gegenüber. Im Marxschen Gedanken der historischen Notwendigkeit liegt nicht nur die religiös anmutende Eschatologie der kommunistischen Gesellschaft begründet, sondern auch der Totalitarismus des Weges durch die «Diktatur des Proletariats». Doch verflocht Marx derlei Philosophie der Geschichte mit einer eindrucksvollen politischen Ökonomie. In ihr verband er die Analyse der Industriellen mit der der Französischen Revolution. In der Französischen Revolution waren vielleicht zum ersten Mal Klassen, also aus einer bestimmten Lebenslage hervorgehende soziale Gruppen, aufeinandergeprallt. In der industriellen Revolution hatte ein neues Potential, die Dampfmaschine und die moderne Fabrik, sich Bahn gebrochen gegen die Realität der Zunft- und Feudalgesellschaft. Neue Produktivkräfte hatten alte Produktionsverhältnisse aufgebrochen und eine Gesellschaft nach ihrem Bilde geschaffen. Im Gang der Geschichte stehen sich immer zwei Klassen gegenüber, von denen eine die neuen Kräfte, die andere die alten, bestehenden Verhältnisse vertritt. Ihre Konflikte, die Klassenkämpfe, münden regelmässig in Revolutionen.

Das ist sehr verkürzt und vereinfacht gesagt; es lässt zudem viele Fragen offen. Das galt auch für den Hauptteil meiner Dissertation. Er bestand aus einer detaillierten Textanalyse von Marx – noch war der Philologe am Werk –, dabei insbesondere der Idee der vermutlich gerechten kommunistischen Gesellschaft. Marx hatte genau genommen zwei Begriffe des Gerechten, einen «relativen», der nichts anderes bedeutete als das Recht der jeweils Mächtigen, und einen «absoluten», eben die Gestalt der kommunistischen Endgesellschaft.

Die Analyse mündete indes in zwölf «Thesen zur Marx-Kritik». Die ersten vier hatten es mit dem doppelten Marx zu tun. «Das Werk von Marx zerfällt in zwei durch keinen sinnvollen prinzipiellen Zusammenhang verknüpfbare Teile.» Die nächsten vier Thesen besagten, dass man jeden der beiden Marxe für sich anerkennen oder ablehnen kann, eine sinnvolle Marx-Kritik aber «nur auf der Grundlage der radikalen Trennung der beiden Teile des Marxschen Werkes» möglich ist.

Thesen 9 und 10 galten dem philosophischen Marx, dessen Konzeption der Arbeit und auch Gedanke der Freiheit zwar bedenkenswert sind, dessen «spekulativer Geschichtskonzeption» ich aber «den Ausgang von der grundsätzlichen Fragwürdigkeit philosophischer Erkenntnis vom Gesamtverlauf der Geschichte» entgegensetzte. Thesen 11 und 12 nahmen Marx' Sozialwissenschaft ins Visier, jene Hypothesen also, die durch «empirische Tatbestände» widerlegt werden können. Ich hielt vor allem drei Aspekte der Marxschen Sozialwissenschaft für verfolgenswert, die Klassentheorie, die Ideologiekritik und die oben skizzierte «Hypothese der Logik sozialer Veränderungen».

Woher ich das alles 1951, also vor der Begegnung mit Popper, ja vor aller Soziologie nahm, weiss ich nicht mehr; doch entwarfen die «Thesen zur Marx-Kritik» mein wissenschaftliches Programm für das folgende Jahrzehnt. Ausserdem setzten sie «Marx in Perspektive», wie ich denn auch mit einem leichten Anglizismus die Buchveröffentlichung der Dissertation nannte. Eine Neuauflage fast zwanzig Jahre später kehrte allerdings in die Nähe des ursprünglichen Titels zurück: *Die Idee des Gerechten im Denken von Karl Marx.* Die zweite Auflage unterschied sich auch sonst von der ersten. Wurde in dieser noch das Ziel («in weiter Ferne») der vorgelegten Marx-Kritik als «eine neue Sozialphilosophie, eine neue sozialistische Theorie» gekennzeichnet, so war im Vorwort zwei Jahrzehnte später von einer «sozial-liberalen Politik» die Rede. Dabei konnte ich auf eine schon 1958, also sechs Jahre nach der Doktorarbeit, benutzte Formulierung zurückgreifen: «Sozialliberale Politik muss vor allem liberal sein, denn die gleiche Freiheit ist vor allem Freiheit.»

Anfang 1952 reichte ich die Dissertation ein. Noch war ich nicht einmal 23, aber das Studium ging nun zuende. Ich hatte seine Intensität genossen und vieles gelernt – aber was nun? Es war eine Zeit, die, gemessen an den früheren Jahren, keine grossen Forderungen stellte. Das klingt missverständlich. Die Forderung an jeden Einzelnen, sich unter neuen Umständen zurechtzufinden und, wie man sagte, eine Existenz aufzubauen, war selten grösser. Aber es war in gewisser Weise eine unpolitische Zeit. Die öffentlichen Dinge nahmen zumindest in Deutschland ihren ziemlich verlässlichen Gang. Man mochte diesen als Restauration beschimpfen oder als Wirtschaftswunder bestaunen, aber für den in erster Linie verfassungspolitisch Interessierten war es eine ruhige Zeit. Man konnte sich um die eigenen Dinge kümmern und Pläne machen, die von innen kamen, ohne durch äussere Ereignisse abgelenkt zu werden. Das tat ich denn auch.

Professor König brauchte nicht lange, um meine Dissertation zu lesen und zu begutachten. Er schrieb mir einen Brief, in dem er mir mitteilte, er habe die Arbeit mit *opus eximium* bewertet. *Opus eximium*? Das gab es auf der offiziellen Zensurenskala nicht; doch belehrte mich das Wörterbuch, dass es eine höhere Note wohl nicht geben konnte. *Summa cum laude* also, und der Korreferent, der Politologe und Marx-Experte Siegfried Landshut, hatte zugestimmt. Am 29. Februar 1952 fand die mündliche Doktorprüfung statt. Der Tag war schlecht gewählt für spätere Jubiläen; weder den 25. noch den 50. Jahrestag der Prüfung gibt es im Kalender. Doch tat das meiner Freude keinen Abbruch.

Am 3. März gaben meine Eltern aus Anlass ihrer Silbernen Hochzeit einen Empfang. Stolz liess ich mich von alten Bekannten als «Herr Doktor» anreden. Einer allerdings, den ich besonders schätzte, brachte mich auf den Boden der Tatsachen zurück. Otto van de Ville war Schausteller, Besitzer einer Alpenbahn und mehrerer der bei uns besonders beliebten Elektro-Auto-Rennbahnen. Er hatte sein erstes Geld damit verdient, seinen späteren Kompagnon Joseph Schippers, der mehr als zwei Meter gross war und durch dicke Schuhsohlen noch ein paar Zentimeter grösser wurde, als Wunder der Natur auf den Dörfern vorzuführen. Mein

Vater kannte beide aus seiner Zeit als Mitglied des «Dom-Ausschusses» der Hamburger Bürgerschaft. Dazu muss man wissen, dass auf dem Gelände des längst abgetragenen Hamburger Doms, immerhin dem Heiliggeistfeld, regelmässig der Jahrmarkt stattfand. Otto van de Ville war Analphabet geblieben. Jetzt kam er auf mich zu und fragte, was ich denn nun mit meinem Doktor anfangen könne. Ich wurde verlegen. «Wenn du jetzt bei Wittlinger in Hannover anrufen und sagen würdest, sie sollen dem Herrn Doktor einen Waggon Würstchen schicken – glaubst du, sie würden es tun?» Gewiss nicht. «Ich kann weder lesen noch schreiben, aber wenn ich anrufe, sind die Würstchen in drei Stunden hier.» Er lachte dazu in herzlicher Vertrautheit, und ich lachte mit.

19 *Der Poet, in Rom*

In sechs Exemplaren musste die Dissertation bei der Universität abgeliefert werden, damit das Doktordiplom ausgehändigt werden konnte. Meine Eltern, denen es mittlerweile recht gut ging, die mich aber dennoch wohl aus erzieherischen Gründen mit Taschengeld kurzhielten, boten mir an, die Kosten der Abschrift zu tragen. Würden sie mir das Geld auch geben, wenn ich selber die sechs Exemplare abschriebe? Dazu waren sie bereit. Sechs Exemplare! Da musste man schon kräftig auf die Tasten schlagen, damit auch das fünfte Blatt Kohlepapier die Buchstaben noch registrierte. Immerhin, so lernte ich das Zwei-Finger-Schnelltippen, in dem ich es mit anderen wohl aufnehmen kann. Damals trieb mich vor allem der Wunsch, mit den paar hundert Mark meine Traumreise nach Italien zu ermöglichen.

Einmal unterbrach ich die fingermordende Tätigkeit, um die Freunde Ni-Ke Knauer zu besuchen. Sie lebten inzwischen in München, wo Nico an seiner Dissertation arbeitete. Wir fuhren hinaus aufs Land, um die Wieskirche und andere Wunder der späten Barockzeit und des Rokoko zu betrachten. Vor allem aber brachten wir die Abende in Schwabing zu, oft in der «Seerose», wo ich beim Wein die Bekanntschaft mit Nicos Freund, dem Maler Werner Gilles machte. «Sie müssen mich im Sommer in Ischia besuchen.» Da sagte ich nicht nein. Vorher aber wollte ich nach Rom. Dazu gab mir Kezia ihren archäologisch und (was mich betraf) psychologisch gleichermassen guten Rat, was zu sehen und was zu vermeiden war.

«Und es wird ein warmer Juli.» Das ist noch einmal Ingeborg Bachmann und ihr Held, schon im dreissigsten Jahr. «Er muss nach Rom gehen, dorthin zurück, wo er am freiesten war, wo er vor Jahren sein Erwachen, das Erwachen seiner Augen, seiner Freude, seiner Masstäbe und seiner Moral erlebt hat.» Schon die Ankunft an der Stazione Termini verwirrte die Sinne. Da mein Hotel ganz in der Nähe lag, kam ich noch oft zu dem damals hypermodernen Bahnhofsgebäude an den Resten der antiken Diokletiansmauer zurück und sinnierte über den Wandel. Dass Rom durch eine Zeit tiefgreifender Veränderungen ging, konnte auch dem Besucher nicht entgehen. Einmal mehr legte sich eine Schicht des Neuen auf die verwirrenden Verwerfungen der Jahrhunderte. Ich sinnierte nicht nur darüber, was das für die Menschen, die Römer vor allem, bedeuten würde, sondern fasste mein Sinnieren auch in gebundene Sprache. *Soliloquia Romana* nannte ich die poetischen Ergüsse, die aus solchem Tun jetzt und bei späteren Besuchen flossen, und der «Hauptbahnhof» gibt davon eine Kostprobe.

stazione termini

dass die zerknitterten koffer, die ihr besitzt,
nicht in die kalte pracht der halle passen,
ist nicht eure schuld:
ihr habt die thermen des diokletian zwar gebaut
aber bewundert haben sie immer die andern.
auch die verlorene nacht in euren augen
habt nicht ihr gemacht sondern die,
die zu lange schon die fahrt eures lebens planen.
aber müsst ihr eure hunde schlagen
wie eure esel und pferde und kinder?
müsst ihr nicht nur deutsche und amerikaner
sondern auch blinde um einen soglio prellen?
müsst ihr die fiebrige grazie eurer töchter

so früh und so spät schänden und schwängern?
oh ja, ich kenne eure beichte
«ma, signore ...»: das achselzucken,
der blick von mann zu mann:
sind wir nicht alle arme sünder?
oder fast alle (und für die paar andern,
da gibt es eben die hölle oder die revolution)?
ich kenne auch eure reue:
das brot für den bettler dessen falschheit ihr kennt,
die tränen die nach aussen rinnen und manchmal nach innen,
die stimme für die kommunistische partei.
vielleicht ist das recht des alters für euch
hier, zwischen glas und marmor und stahl.
aber der neuen fremde aus dem norden
entrinnt ihr nicht, denn hier wird sie erscheinen,
hier an diesem geleis. in euch
und in euren koffern aus pappmaché,
ohne revolution und ohne das jüngste gericht.
ihr ahnt es, alte, alte freunde.
darum schlagt ihr noch rasch eure kinder,
betrügt die blinden, schwängert eure töchter.
weil ihr schon angst habt vor dem tag,
an dem ihr weder sonntags in die kirche geht
noch einem kommunisten eure stimme gebt.
dann ist der terminus beginn. den plan weiss keiner.

Es war übrigens nicht mein erster Rom-Besuch. Zwei Jahre zuvor, im *anno santo* 1950, war ich mit einer Tübinger Studentengruppe hier gewesen. Eigentlich hatte meine Freundin Ingeborg die Reise organisiert, aber am Ende untersagten ihre Eltern ihr die Fahrt. Der Saulgauer Stadtbus mitsamt Gepäckanhänger kroch nur mühsam über die Alpen; an den Haarnadelkurven der Tremola zwischen dem Gotthard und Airolo mussten wir den

Anhänger jedesmal entkuppeln und zu zehnt oder zwölft um die Kurve bugsieren. Eines Abends aber waren wir auf der Via Flaminia in Rom eingefahren. An der Piazza del Popolo kamen mir die Tränen. Athen, gewiss, Jerusalem, ja; aber Rom ist für mich der Inbegriff von Bedeutung. Da empfinde ich einen ungebrochenen Zusammenhang der Jahrhunderte. Oben auf dem Palatin, in der Nähe der *domus Livia*, fand ich einen Platz, auf dem ich stundenlang den Augen ihren Schmaus und den Gedanken ihren Lauf lassen konnte. 1950 hatte ich da einen handfesten Marmorsplitter von einer gestürzten Säule mitgenommen; wenn jemand das Stück von meinem Schreibtisch entwenden sollte, schmerzte mich das mehr als der Verlust der Erstausgabe von Kants «Vermischten Schriften» oder Eduard Bargheers Zeichnung des Hafens von Forio.

Geneigte Leserinnen und Leser sehen schon, dass dies eine ganz und gar sentimentale Reise war. Lassen wir also die betörende Kirche Sta.Maria in Trastevere, den Cimitero Acattolico mit seinen Gräbern von Cestius bis Keats, das abendliche Treiben auf dem Pincio oder die Münzen in der Fontana di Trevi im Verborgenen des Herzens; über dieses Rom haben andere oft genug geschrieben, zum Beispiel Ingeborg Bachmann in ihrem aus den gleichen Jahren stammenden Stück «Was ich in Rom sah und hörte». Es dauerte allerdings viele Jahre bevor ich das Rom der Römer entdeckte, das mich heute vor allem in die Stadt zurückbringt.

An einem unvergesslichen Abend zum Beispiel (wann immer es war – was ist schon Zeit in Rom?) hatte ich auf Einladung des Parlaments einen Vortrag gehalten. Anschliessend lud die Parlamentspräsidentin mich zum Essen in das Dachrestaurant meines Lieblingshotels, des «Hassler» oben über der Spanischen Treppe, ein. Nilde Iotti war Kommunistin; sie war die Gefährtin von Palmiro Togliatti gewesen, der in stalinistischer Zeit den Eurokommunismus erfunden hatte. Es war zunächst erstaunlich, mit ihr im Tempel des Luxus zu sitzen, in dem sonst blasse Gräfinnen und laute Amerikaner ein- und ausgingen, und vollends bemerkenswert, dass uns die befrackten Kellner mit noch erlesenerer Aufmerksamkeit bedienten, als sonst bei ihnen üblich ist. Dann kam der Oberkellner und beugte sich zu der neben mir sitzenden Präsidentin herab, um ihr zu sagen, dass er und seine Kollegen fast alle Wähler der KPI, der Kommunisten seien.

Dem politischen Rom blieb ich nahe. Giorgio Napolitano, auch er Kommunist, war einer der Nachfolger von Nilde Iotti. Seine südländische Subtilität hielt seine Leidenschaft im Zaum, die der Aussenpolitik und vor allem Europa galt. Mit dem Senatspräsidenten Giovanni Malagodi, der auf seine alten Tage noch einmal ganz progressiv geworden war, verband mich die Liberale Internationale. Giuliano Amato wurde zum Freund. Er brachte als Regierungschef seine beharrliche Brillanz ein in die italienische Politik. Heute bin ich auch mit dem langjährigen Römer Bürgermeister Francesco Rutelli verbunden, dessen Parteiengruppierung «Margherita» seine Präferenz für Menschenrechte, neoliberale Wirtschaftspolitik und soziale Verantwortung verkörpert.

Das ist nun fast schon genug der Namen; aber über die Jahre sind mir die vielen Roms der Menschen ans Herz gewachsen. Das intellektuelle Rom fand ich bei Eugenio Scalfaris «La Repubblica», der Zeitung, von der schon die Rede war, aber auch bei meinem Verleger Giuseppe Laterza. Sein Vater und er haben die Unabhängigkeit des liberalen Verlagshauses in einer monopolistisch geprägten Umwelt verteidigt. In das katholische Rom führte mich mein Tübinger Kollege Hans Küng in der Zeit des Vatikanischen Konzils ein. Der schweizerische Republikaner im Priestergewand zeigte keinen Respekt vor Autoritäten, insbesondere nicht vor denen, die auf Johannes XXIII. folgten. Darin unterschied er sich übrigens von dem polnischen Freund Krzysztof Michalski, dem ich mehrere Besuche bei Johannes Paul II. in Castelgandolfo verdanke. Krzysztof folgte der Regel, mit dem Papst nie ein Gesprächsthema selbst aufzuwerfen, sondern zu warten, was

Seine Heiligkeit sagen wollte. Was gab es noch? Ah ja, das diplomatische Rom, den Präsidentenpalast mit seinen zwar italienisch bunten, aber in Haltung und Gehabe fast preussisch anmutenden Leibgardisten; die Farnesina, in der die gelassen-gekonnten italienischen Botschafter ihr Zentrum hatten; später die Villa Wolkonsky, über deren fürstliche Erbauerin die Frau eines der dort residierenden britischen Botschafter, Maria Fairweather, ein schönes Buch geschrieben hat.

Doch genug, denn das alles war in jenem Zauberjahr 1952 für den jungen Dr. phil. aus Deutschland noch weit entfernt. Der hing an den bevorzugten Plätzen der Stadt seinen ungezähmten Gedanken nach. «Neapel sehen und dann sterben»? Für ihn, für mich also, galt das eher in Rom. Einmal mitten bei einem Mittagessen allein, dachte ich, der Moment sei gekommen. Ein vorübergehendes Schwächegefühl hinderte mich jedoch nicht daran, das nahe Ende poetisch festzumachen.

ristorante abruzzi

herr, wenn du mich schon hier verrecken lässt,
dann nicht bevor ich meinen liter wein getrunken,
mein henkersmahl gegessen hab': prosciutto e salame,
die fettucine all'alfredo,
petto di pollo nach fedelinaro –
ein leichtes essen für die lange reise –
und einen blick, nur das, auf eine liebe,
die nie mehr meine wird. der rest ist schlimm.
die drei minuten vor dem letzten schlag,
der fall – wie weh der tisch tut – oh, das glas –
und wie sie dann den doktor holen, meine
identität und meinen tod ermitteln. wer?
kein pass? kein ausweis? seht mir ins gesicht:
ich bin doch der der gestern früh noch
zehn leben wollte: meins und die des ruhms,

die mir die falschen götter schon für sich genommen.
nun ist auch meins dahin, ein klappen nur, ein klirren.
noch einen wunsch? oh ja, noch viele wünsche:
ein wenig zärtlichkeit und den nobelpreis
und einen sohn, vielleicht auch zwei, nachts schlafen,
manchmal gewiss sein und – ja sicher, bel paese
und etwas gorgonzola – nein, nicht kaffee,
auch cappuccino nicht – doch mönch sein,
oder noch lieber mönch gewesen sein
und nun die welt mit neuen augen sehn.
frutta? Gebt mir doch blumen, einen sarg in blumen,
dass ich den schmerz des hölzernen gefässes
nicht fühle. Und die rechnung bitte.
herr, der du bist und nicht, ich wusste,
dass du mich hier noch nicht verrecken lässt.
der wein war gut. nur einen wunsch noch, bacchus, gott:
von allen flügeln dieser engen welt
leih mir die deinen, wenn ich weichen muss.
nun ist es gut. a rivederci, grazie.

Ein paar Jahre später führte eine ähnliche Erfahrung mich nicht zum Dichten, sondern dazu, das Rauchen aufzugeben. Davon brachte mich dann auch der Tübinger Philosoph Walter Schulz nicht mehr ab, der mir väterlich auf die Schulter klopfte und über den zitterigen Schwächeanfall bemerkte: «Aber lieber Herr Kollege, das war nicht das Rauchen, sondern die Ehrgeizkrankheit.» In Rom 1952 meinte ich allerdings, mein Ehrgeiz sei für einmal zur Ruhe gekommen.

Von Rom ging die Reise weiter nach Süden, nach Neapel, und dann mit dem Dampfschiff hinüber zur damals noch fast jungfräulichen Insel Ischia. Ich stieg in Forio, der letzten Hafenstation, aus und machte mich auf den Fussweg nach S. Angelo, um Werner Gilles zu besuchen. Der grosse Maler brachte seit langem den Sommer dort zu. Nur im Krieg ging das nicht. Als er aber nach Jahren der Abwesenheit in Neapel in sein Stammlokal kam, hatte der Kellner ihn nur gefragt: «*lo stesso?*» Ja, Gilles wollte denselben, denselben Wein nämlich. Es ist etwas Eigenes um die Zeit in archaischer Umwelt.

In seinem weissgekalkten, gewölbten Studio unten am Wasser in S. Angelo standen nur ein Stuhl und eine Staffelei. Alles andere kam aus dem Kopf des Künstlers, die bunten Schluchten, in denen Dämonen wohnen, die dreieckigen Vögel mit ihren Botschaften vom Monte Epomeo, der weite Himmel, mal nächtlich beruhigt, mal morgendlich voller Hoffnung, häufiger in bedrohlichen Farben wie vor dem Gewitter. «Dem lieben Herrn Dahrendorf» dedizierte Gilles das kleine Büchlein der «Bilder aus Ischia», das ein Jahr später erschien.

Abends sassen wir mit den Einheimischen bei Peppino, dem Wirt, der uns habhaftes Essen und betörenden Wein kredenzte, und das ganze mit Arien zur Mandoline begleitete, bevor ich mich auf meinen manchmal etwas wackligen Weg in den Nachbarort Succhivo in der Höhe machte, wo ich bei dem Friseur untergebracht war. Einmal wurde mir der Wein zu viel, und ich schickte mich an, das letzte Glas mit den Worten «Dies opfere ich den Göttern» über die Brüstung ins Meer zu giessen. Gilles wurde böse. «Den Göttern opfern Sie entweder das erste Glas, das Sie am meisten wollen, oder gar nichts.» Wie recht er hatte, auch mit seinen sonstigen Lebensweisheiten. «Der Montag muss gelingen», sagte er, mehr zu sich selbst; und sein Montag gelang, denn Gilles war ein fleissiger Mann.

Eines Tages wanderte ich zurück über den Berg nach Forio, aber noch nicht zum Schiff. Gilles hatte mich bei dem Maler-Kollegen Eduard Bargheer avisiert. Lebte Gilles mit Dämonen und geheimnisvollen Symbolen, dann war Bargheer ganz und gar ein Mann dieser Welt. Don Edoardo nannten ihn die Kinder, bei denen er beliebt war. Seine klaren Zeichnungen und kräftigen

Drucke schildern immer wieder zwei seiner bevorzugten Plätze, Forio und den Süllberg in Hamburg-Blankenese. Manchmal meint man, er habe die so verschiedenen Hügelsiedlungen am Wasser zum Verwechseln ähnlich gemacht. Es ist leichter, mit seinen Bildern zu leben als mit denen von Gilles. Leichter waren daher auch die Gespräche mit ihm, in denen es um Alltagsnachrichten ging.

Frauen gab es übrigens bei beiden Männern nicht. Das fiel mir allerdings erst viel später auf. Es hatte keine Bewandtnis für ihr Verhalten zu mir. Ich verliess die Insel um viele Bilder und Erfahrungen reicher. Ein halbes Leben später besuchten meine Frau Ellen und ich Marion Gräfin Dönhoff in ihrem Haus in Forio. An einem schönen Herbsttag unternahmen wir eine Rundfahrt um die Insel in einem Boot, dessen Besitzer, Steuermann und Reiseführer uns auf das Munterste unterhielt. *Looky, looky!* sagte er ein um das andere Mal und zeigte auf immer neue Sehenswürdigkeiten. Zwischendurch, fast mit einem Seufzer, wiederholte er den Ausruf: *Looky, looky! Vedete il miracolo dell'isola verde.* Das Wunder der grünen, für mich indes eher der bunten Insel.

Noch einmal Neapel. Mein Geld ging jetzt entschieden zur Neige, und ich stieg in einem sehr billigen Hotel ab. Mit meinem Bruder hatte ich verabredet, dass er für ein paar Tage zu mir stossen würde. Ihm behagte die *mensa popolare*, die Volksküche, in der wir nun unser Essen für ein paar Lire einnehmen mussten, nicht sehr, und noch weniger das Getier in unserem Zimmer. Dass ich die Bisse hartnäckig leugnete, die ihn plagten, half der Stimmung nicht. Unser Geld reichte am Ende gerade noch bis zur ersten Station auf deutschem Boden. Ich glaube, es war Garmisch, und wir hatten unsere Eltern gebeten, uns dorthin telegraphisch etwas Geld zu überweisen.

20 *London School of Economics*

Im September 1952 fuhr ich nach London, bezog dort eine gemütliche Dachkammer in South Kensington (die Zimmerwirtin, eine tschechische Emigrantin namens Susie Swoboda, war eine gute Bekannte von Nico Knauer) und begann als *postgraduate* der Soziologie meine Studienzeit an der London School of Economics. Mit vollem Namen heisst sie London School of Economics and Political Science, oft abgekürzt zu LSE und unter ihren Verehrern einfach *the School* genannt, «die Schule», als gäbe es nur die eine. Zudem ist sie natürlich keine Schule, sondern eine Universität, genauer gesagt ein weitgehend selbständiger Teil der losen Föderation von Hochschuleinrichtungen, die University of London heisst.

Dass ich zur LSE ging, sollte sich als wenn nicht schicksalhaft so doch für den Rest meines Lebens entscheidend erweisen; aber wie es dazu kam, bleibt für mich in einem leichten Nebeldunst verhüllt. Manche hatten mir nach meiner Promotion geraten, auf anständige Art etwas Zeit zu verlieren; ich sei doch zu jung, um etwas «Richtiges» zu tun. Die Stadt London, meine spätere Wahlheimat, begann schon jenen Reiz auszuüben, den manche nicht verstehen, dem andere aber hoffnungslos erliegen. In der Dissertation über Marx hatte ich eine neue Sozialphilosophie versprochen, doch in Deutschland war es schwierig, den Weg dahin zu finden; die Universitäten im Land des Geistes hatten die Gesellschaft noch nicht entdeckt. Ein Buch von Karl Mannheim war mir in die Hände gekommen; es hiess *Diagnosis of Our Time*,

«Diagnose unserer Zeit», und der Autor wurde auf dem Umschlag als Professor an der LSE beschrieben.

Letzteres erwies sich, wie manche andere Erwartung der ersten Londoner Zeit, als nur bedingt richtig. Karl Mannheim, der als Frankfurter Professor in den späten Weimarer Jahren mit seinem Buch *Ideologie und Utopie* Furore gemacht hatte, war in der Tat nach London emigriert und hatte dort seine halb soziologischen, halb sozialistischen Gedanken entwickelt. Richtig Fuss gefasst hatte er an der LSE jedoch nicht; er passte nicht zu den hegelisierenden Sozialphilosophen der Schule von L.T. Hobhouse, die dort die Soziologie prägten. So wechselte er zu einem anderen Institut der Londoner Föderation, dem *Institute of Education.* Nach seinem frühen Tod 1947 trug seine Witwe wenig bei zu seinem Nachruhm. «Professor Mannheim», sagte mein *supervisor* T. H. Marshall, «von dem reden wir lieber nicht; denn was man auch sagt, wird seiner Witwe zu Ohren kommen, und dann kriegt man böse Briefe und im schlimmsten Fall einen lästigen Besuch.»

Auch T. H. («Tom») Marshall selbst widerlegte eine Erwartung. Mit meinen akademischen Lehrern in Hamburg hatte ich Glück gehabt. Nun ging ich naiverweise davon aus, dass sich die Erfahrung bei dem *supervisor*, dem Dissertations-Aufseher, wiederholen müsse. Ich erwartete das um so mehr, als ich zu Marshall eine zumindest indirekte Beziehung hatte; er war nämlich Nachfolger von Robert Birley als Bildungsberater der britischen Kontrollkommission für Deutschland gewesen. Als ich ihn indes zum ersten Mal in seinem Büro sah, gab es kein persönliches Wort. Sein unbewegtes Gesicht blickte mit freundlichem Desinteresse auf den jungen Deutschen. So so, die Soziologie müsse ich erst noch lernen, bemerkte er, dann sei es das beste, wenn ich mir gleich das Hauptwerk von Hobhouse, *Morals in Evolution*, anschaffte. Im übrigen aber solle ich in vierzehn Tagen wiederkommen und ihm ein Dissertationsthema angeben. Schluss des Gesprächs.

Hobhouse langweilte mich, ich gestehe es, fast von der ersten Seite an, und das gleiche galt für seinen Schüler Morris Ginsberg, in dessen Vorlesungen ich anfangs ging. Das allgemeine Reden von Kulturgeschichte gab mir auch dann nichts Handfestes, wenn es in ein dialektisches Schema gezwängt wurde; um Handfestes, möglichst Empirisches zu finden, war ich jedoch nach London gekommen. Mit Marshalls eigenen Arbeiten konnte ich sehr viel mehr anfangen. In den 30er Jahren hatte er einige Aufsätze über soziale Schichtung geschrieben; der Begriff war mir neu und schien wichtig. Jetzt waren gerade seine Alfred-Marshall-Vorlesungen über *Citizenship and Social Class* erschienen. Das Buch ist ein kleines Meisterwerk der soziologischen Analyse. Marshall spürt darin der Entwicklung eines erfüllten Begriffs der Bürgerrechte (*citizenship*) nach, die (in England zumindest) im 18. Jahrhundert mit der Gleichheit vor dem Gesetz begann, die diese im 19. Jahrhundert um die allgemeinen politischen Teilnahmerechte ergänzte und die nun, im 20. Jahrhundert, eine soziale Dimension hinzufügte. Doch redete Marshall davon in seinen Sprechstunden nicht. Vielmehr liess er es geschehen, dass ich ihm nach zwei Wochen aus einer gewissen Ratlosigkeit heraus vorschlug, meine Doktorarbeit über Intellektuelle in der britischen Gesellschaft der Gegenwart zu schreiben.

Über dieses Thema wusste Marshall alles und ich nichts. Er war am Rande Mitglied der Bloomsbury-Gruppe um Virginia Woolf und Lytton Strachey gewesen, die der literarischen Intelligenz Englands in den 20er, 30er und auch noch 40er Jahren ihren Brennpunkt gegeben hatte. Ich hingegen musste immerfort neue Namen lernen und sah doch nicht den Kontext, in dem das Thema von Interesse sein konnte. Das ging viele Wochen lang so, bis mir der Geduldsfaden riss und ich dem «Aufseher» einen Themenwechsel vorschlug. Das sei aber sehr schwierig, wandte er ein; da müsse man die Genehmigung der Universität einholen; was ich denn im Sinne hätte. Über ungelernte Industriearbeiter wollte ich nun schreiben. Diese sind weit weg von den Londoner Intellektuellen. Selbst in Marshalls unbewegtem Gesicht sah ich den Rest von Interesse schwinden, das er an mir noch hatte. Ein Meisterwerk wurde die lange Arbeit über *Unskilled Labour in British Industry* denn auch nicht, wenngleich sie mich zwang, viel empirisches Material zu sammeln und manche Ideen zu prüfen, die mich noch jahrelang beschäftigten. Zum Beispiel konnte ich die schon bei Tocqueville angedeutete Beobachtung belegen, dass Revolutionen gerade nicht von den Ärmsten der Armen veranstaltet werden; auch klassenkämpferische Organisationen bilden nur die, die ein Licht der Hoffnung auf bessere Zeiten sehen.

Wenn das alles wie ein gedämpfter Beginn meiner LSE-Karriere klingt, dann ist das zwar zutreffend, aber nur ein kleiner Teil der Wahrheit. Tom Marshall und Morris Ginsberg waren zwei von vielen neuen Menschen in meinem Leben. David Glass, der gerade seine wegweisende internationale Studie über soziale Mobilität vollendet hatte, blieb eine eher ferne Gestalt. Jean Floud aber betrieb das, was ich suchte, nämlich empirische Soziologie mit theoretischem Gehalt, vor allem zu Fragen der Schichtung und der Bildungschancen. Sie war übrigens eine Studentin von Karl Mannheim gewesen und erzählte amüsiert, wie der deutsche Professor seine Seminarteilnehmer in die benachbarte Fleet Street geschickt habe, damit sie dort soziale Tatsachen beobachten. Das war Empirie ohne jede Theorie! Unter den jüngeren Dozenten kam ich früh in Kontakt mit Tom Bottomore, dem marxisierenden Klassentheoretiker. Ernest Gellner spielte seine originelle Rolle zwischen Philosophie, Ethnologie und Soziologie, die ich erst später verstand. Vor allem aber wurden die Mitstudierenden zu Freunden, der schweigsame und brillante David Lockwood, der quirlige Asher Tropp, der schon damals weise lächelnde «Chelly» Halsey, und die exzentrischeren Gestalten, der weit links orientierte Millionär Tom Bishop, der meist mit Pferdewetten beschäftige Jay Shulman – die Liste ist lang.

Man kann nicht sagen, dass ich in irgendeinem systematischen Sinn Soziologie gelernt hätte; doch half mir die LSE, tief in die Gedankenwelt des Faches einzutauchen. Das galt nicht nur für die Soziologie und nicht nur für Gedanken. Die LSE war immer auch eine Lebenswelt. Erwartungsvoll kam man morgens in dem all seine hässlichen Stile im Londoner Russ vereinigenden Gebäudekomplex rings um Houghton Street und Clare Market an. Ein Kaffee bei Joe's neben dem Haupteingang weckte die Lebensgeister. Vorlesungen, meist im New Theatre, waren eher Wahl als Pflicht. Die besten Vorträge wurden ohnehin von Gästen entweder im grossen Old Theatre oder im intimen Kreis im Graham Wallas Room gehalten. Die Treffen der Students' Union, der Studentenschaft, erschienen uns Graduierten etwas unter unserer Würde. In der Mensa wurde ein billiges Essen serviert; im Common Room lagen Zeitungen aus. Die Mittags-Tanzstunden der alten LSE gab es zwar nicht mehr, wohl aber abendliche Vergnügungen wie den Ball, bei dem ich meine zukünftige Frau Vera traf.

Irgendwann ergriff der Charme der LSE mich unwiderruflich. Das hatte etwas mit Anne Bohm zu tun, der ebenso strengen wie hilfreichen Verwalterin der Graduate School. Die Emigrantin, selbst promoviert, legte die Messlatte für «ihre» Studenten hoch – noch heute, fünfzig Jahre später, beschleicht mich ehrfürchtige Scheu, wenn ich die nun 90jährige sehe –, aber wer ihre Höhe schaffte, fand sich bei ihr gut aufgehoben. Zum Beispiel riet sie mir, mich für eine Leverhulme-Studentship zu bewerben. Als ich das willkommene Stipendium bekam, lud der Direktor, Sir Alexander Carr-Saunders, mich zum Tee ein. Er war selbst ein «praktischer Soziologe» (so Lionel Robbins) von Rang; als Demograph hatte er dürre Zahlen in klugen Analysen zum Leben gebracht.

Meine Studentenjahre an der LSE fielen in die Dämmerung des goldenen Zeitalters der London School of Economics. William Beveridge, der von 1919 bis 1937 Direktor war, hatte nicht nur sein eigenes Interesse an der Sozialökonomie eingebracht, sondern in allen Fächern bedeutende Gelehrte angezogen. In seiner Zeit lehrten Friedrich von Hayek und Lionel Robbins Ökonomie, Bronislaw Malinowski Anthropologie, Eileen Power und R. H. Tawney Wirtschaftsgeschichte, Otto Kahn-Freund Rechtswissenschaft und vor allem Harold Laski Politik. Am Ende ging Beveridge einen Schritt zu weit, als er mit Lancelot Hogben experimentelle Biologie in die sozialwissenschaftliche Hochschule einzuführen suchte. Doch hinterliess er eine bleibende Erfolgsbilanz, während er selbst zu neuen Ufern voranschritt, als Erfinder der Grundlagen des britischen Wohlfahrtsstaates in der Kriegskoalition und dann für kurze Zeit als liberaler Unterhausabgeordneter, später als Lord Beveridge.

Alexander Carr-Saunders, der ihm als Direktor folgte und dies 20 Jahre lang blieb, brauchte die ruhige Hand, die ihm viele nachsagten. Zwei Jahre nach seinem Amtsantritt brach der Krieg aus, und die LSE wurde aus London evakuiert; neue Ministerien bezogen die Gebäude, die für Studenten ohnehin während der deutschen Luftangriffe zu gefährdet waren. In Cambridge überlebte eine Rumpf-LSE, die Carr-Saunders 1945 intakt zum Clare Market zurückbrachte. Waren die Beveridge-Jahre die grosse Zeit der Entfaltung der Sozialwissenschaften gewesen, so galt die Nachkriegszeit unter Carr-Saunders als die goldene Zeit für Studenten. Auch in London hatte das viel mit den zurückkehrenden Kriegsteilnehmern zu tun, deren Erfahrung und Motivation sich in fruchtbarer Weise mit den Interessen der Grossen der Sozialwissenschaft trafen.

Die Beveridge-Jahre sind manchmal als die «zweite Gründung» der LSE bezeichnet worden. Die erste Gründung war das Werk der drei Vorgänger von Beveridge. Der erste, W. A. S. Hewins, war gerade 29 und Dozent für Wirtschaftsgeschichte in Oxford, als Sidney Webb, selbst 35 und Fabier-Sozialist, also Reformer, nicht Revolutionär, ihn zum Gründungsdirektor machte. Hewins, wie auch sein Nachfolger, der Geograph Halford Mackinder, wurde später Parlamentsabgeordneter, aber nicht etwa für Labour, sondern im Gegenteil Hewins auf den Bänken der Konservativen und Mackinder auf denen der Liberalen. Beide waren «Imperialisten», also Anhänger von Joe Chamberlains Politik der Schutzzölle für Kolonien. Aus diesen kam der dritte Direktor, William Pember Reeves, damals Generalagent, also Botschafter Neuseelands in London.

Die LSE stand stets im Brennpunkt der politischen Kämpfe der Zeit, aber ihr Motto blieb der Leitstern ihrer Haltung: *rerum cognoscere causas.* Glücklich ist, so Virgil in der *Georgica*, wer die Ursachen der Dinge erkunden kann. Politisches Engagement der Personen mit politischer Neutralität der Institution zu verbinden, war das Geheimnis der LSE in ihrer grossen Zeit. Nach der Pensionierung von Carr-Saunders 1957 wurde das zunehmend schwierig. Sir Sydney Caine und Sir Walter Adams, die beiden folgenden Direktoren, waren beide Vice-Chancellors, also Rektoren von Kolonial-Universitäten gewesen, was vor allem im Fall von Walter Adams, der aus Salisbury in Rhodesien – heute Harare in Zimbabwe – kam, 1968 zu schweren Konflikten, den sogenannten *troubles*, führen sollte. Adams war ein gebrochener Mann als er 1974 ging; er starb wenige Monate später. Das war die Zeit, in der der Vorsitzende des Gouverneursrates der LSE, Lord Robbins, mich, damals Europa-Kommissar in Brüssel, zum Lunch in den Reform Club einlud und mit der Frage überraschte, ob ich als Kandidat für das Amt des Direktors zur Verfügung stünde. Robbins hatte eine verführerische Art zu reden: «Ich gehe demnächst in den Ruhestand, aber wenn Sie das Amt akzeptieren, werde ich meinen Nachfolger beneiden.»

Zwanzig Jahre sind nicht gar so viel, wenn man lange genug gelebt hat, und es waren nicht mehr als 20 Jahre seit meiner Studentenzeit vergangen, als ich Robbins im Reform Club zum Lunch traf. Leider hatte ich ihn als Student nicht gehört. Überhaupt fand ich den Weg zur Ökonomie nur langsam, und auf dem Umweg über die praktischen Erfahrungen, also die politische Ökonomie. Später schienen mir die Ökonomen, vor allem die mit einem offenen Sinn für soziale Themen wie Amartya Sen und Tibor Scitovsky und Partha Dasgupta, die grossen Anreger der Sozialwissenschaften. Das hatte auch etwas zu tun mit dem Mann, dessen Seminare ich allerdings intensiv besuchte und der meinen geistigen Werdegang mehr als irgendein anderer prägte, nämlich Karl Popper.

Das heisst, ganz einfach war das mit Popper am Anfang nicht. Er lehrte im Souterrain des alten Gebäudes der LSE. Vor einer eher bescheidenen Studentenschar sprang der kleine Mann mit seinem scharf konturierten Gesicht oft aufgeregt hin und her, vor allem wenn er ins Polemisieren kam. Er malte einen Eimer an die Tafel und erklärte dazu, so sähen Bertrand Russell und andere «Induktivisten» den menschlichen Geist; als sei er ein leeres Gefäss, das mit Beobachtungen gefüllt werde, dabei aber immer noch ein blosser Eimer bleibe. Gegen die «Eimer-Theorie des Geistes» hielt er seine «hypothetisch-deduktive Methode». Am Anfang ist die Theorie, nicht das leere Gefäss des Geistes. Wir machen uns einen Reim auf die Welt und gehen dann daran zu prüfen, ob dieser Reim falsch ist. Solche Fehler zu finden, die Falsifikation, ist der eigentliche Fortschritt der Erkenntnis, denn die Fehler zwingen uns, bessere Theorien zu entwickeln.

Anfangs fand ich vor allem den Stil der Polemik schwer erträglich. Tatsächlich verliessen die englischen Studenten einer nach dem anderen die Veranstaltung. Ich war nahe daran, ihnen zu folgen, da gaben mir meine Freunde einen Schubs und sagten zu Recht: Vergiss nicht, Popper ist doch der bedeutendste Wissenschaftler an der Schule. Auch erinnerten mich seine Theorien verblüffend an meine Erfahrungen mit der Textkritik: wir haben vor uns eine durchaus unvollkommene Realität. Wir versuchen, mit Konjekturen, also Hypothesen, diese zu vervollkommnen.

Manchmal machen wir Entdeckungen, die unsere Vermutungen widerlegen; dann fangen wir aufs Neue an, Antworten zu suchen. Nur in einer, allerdings entscheidenden Hinsicht ist die Textkritik anders als die Erfahrungswissenschaft: es gibt den richtigen Text, und manchmal, sehr selten zwar, aber eben doch möglicherweise, entdecken wir einen Papyrus, der das Original sein könnte. Wissenschaft dagegen ist für immer Entwurf ins Offene. Es mag die Wahrheit geben, aber wir werden nie wissen, was sie ist.

Popper war auf Empfehlung von Friedrich von Hayek und mit Unterstützung von Lionel Robbins aus Neuseeland zurückgekommen, wo er seine *Offene Gesellschaft und ihre Feinde* geschrieben hatte. Für viele von uns, auch für mich, war das der Zugang zu seinem Denken; doch sah er seine Rolle anders. Einmal, als ich ihm ein Buch von mir geschickt hatte, sagte er gedankenverloren: «Wenn ich über politische Themen schreiben würde, dann genau so wie du. Aber du wirst verstehen: ich habe so viele wichtigere Dinge zu tun!» Er meinte seine logischen, vor allem aber seine naturwissenschaftlichen Interessen. Er bekam nahezu alle Ehrungen, die man sich denken kann, aber nicht den Nobelpreis für Physik, den er doch ersehnte.

Ich verehrte Popper, als ich den notorischen «Positivismusstreit» zwischen ihm und Theodor W. Adorno in Tübingen organisierte. Später fand ich ihn ausserdem zunehmend liebenswert. Seine skurrilen Züge machten ihn fast zur Karikatur des Professors. Einmal, als er noch in dem kleinen Ort Penn in Buckinghamshire wohnte, holte er mich in seinem alten Auto an der Bushaltestelle ab, fuhr eine Zeitlang herum, hielt dann an und guckte etwas perplex: «Es tut mir leid, aber ich habe mich verfahren.» Wir fanden sein vertrautes, allerdings auch verträumtes Haus nur mit Mühe.

Bei der Party, die ich ihm zum 75. Geburtstag gab, enttäuschte er viele, als er nur aufstand und «dankesehr» sagte. Beim Weggehen erst kam heraus: «Es tut mir leid; ich habe ein Manuskript der Rede, die ich halten wollte, in der Tasche, aber ich habe es vergessen.» Zunehmend erregten ihn politische Fragen, wo er zuweilen abstruse Ideen deshalb an den Mann bringen konnte, weil ihm die meisten Grossen der Zeit, jedenfalls ausserhalb Englands, zu Füssen lagen. Helmut Schmidt musste ihm erklären, dass die Idee, Atombombenattrappen über Russland abzuwerfen, weder ganz neu noch ganz ungefährlich war. In Kenley, wo ich ihn später besuchte, fand ich ihn eines Tages in höchster Erregung. Irgendwann hatte er Sacharow als grossen Freiheitskämpfer gelobt; jetzt aber war ihm bei der Lektüre der Bücher zur kubanischen Raketenkrise aufgefallen, dass der Physiker nicht nur Bomben gebaut, sondern auch deren Gebrauch empfohlen hatte. «Er ist ein Kriegsverbrecher!» Trotz solcher Geschichten: Popper war ein bedeutender Mann, vielleicht der bedeutendste, den ich gekannt habe.

An der LSE ging mittlerweile das *bonding* unter den Studenten mächtig voran. Auch das war ja ein Merkmal der *School* in ihrer grossen Zeit, dass viele dort nicht nur ihre Freunde, sondern auch ihre Lebenspartner fanden. LSE war und ist noch immer eine sehr vereinnahmende Einrichtung, nicht gerade eine «totale Institution» im Sinne des amerikanischen Soziologen Erving Goffman, aber doch eine, die das Draussen ziemlich nebensächlich erscheinen lässt. Zum «Donnerstagabend-Seminar», das David Lockwood und ich erfunden hatten, luden wir die Grossen des Faches ein und unterzogen sie hochnotpeinlichen Anhörungen. Reinhard Bendix und Marty Lipset kamen; ihre Interessen ähnelten unseren. Auch Talcott Parsons kam und hinterliess uns ein wenig verwirrt ob all der Begriffe, die er ins Feld führte. Dann begannen wir, mit Hilfe von Ideenpapieren aus eigener Produktion an etwas zu werkeln, das wir die «Interessengruppen-Theorie des Konflikts» nannten. Früher hatte das Klassenkampf geheissen. David und ich lebten aber auch zusammen in einer weitläufigen Wohnung in der Church Row in Hampstead. Dort war genug

Raum nicht nur für uns und einen Dritten im Bunde, sondern auch für Vera und für Davids zukünftige Frau Leonore.

Leserinnen und Leser, die es bis hierhin ausgehalten haben, müssen zu dem Schluss kommen, dass meine Londoner Jahre von 1952–54 nur einen Namen hatten, LSE. Beinahe war es wohl auch so. Oder lag es doch eher an mir? Anthony Giddens, der brillante Sozialanalytiker der «entfesselten Welt» der Globalisierung, der mir (nach I. G. Patel und John Ashworth) 1997 als Direktor der LSE folgte, wählte in einem Interview die ominösen Worte, ich sei schon, als er zehn Jahre nach mir als Postgraduate an die LSE kam, eine «legendäre Gestalt» gewesen. «Viele Geschichten gingen um, wie schnell er seine Dissertation fertig stellte und was für eine ungewöhnliche Fähigkeit zur Arbeit er besass.» Freundlicherweise fügt Giddens noch etwas über meine geistige Originalität hinzu; aber in Wahrheit beschreibt er mich als das, was man heute *workaholic* nennen würde, also als einen der Arbeit wie andere dem Alkohol Verfallenen.

Ein bisschen Abwechslung gab es dann doch, und nicht nur beim Tanzen am Samstagabend. Manchmal fuhren Vera und ich «aufs Land», das heisst zur Endstation der Busse der *Green Line*, also nach High Wycombe oder Gravesend. In London selbst gab es viel Aufregung um die *coronation*, die Krönung der neuen Königin Elisabeth II. Die Juninacht 1953 vor der Feierlichkeit ist schon darum unvergesslich, weil es ununterbrochen regnete. Ich kauerte seit dem Abend des Vortages mit vielen anderen an der Park Lane, getröstet vornehmlich durch die Zeitungsverkäufer mit ihren Sprüchen. Zuerst boten sie die dicken Sonderausgaben als Regenschutz feil. *Keep yourself dry and warm, buy the Daily Mail!* Dann, um Mitternacht, kam die aufregende (und wohl absichtlich bis zu dem Zeitpunkt zurückgehaltene) Nachricht, dass Edmund Hillary und der Sherpa Tensing den Mount Everest bestiegen hatten. Die Vorbeifahrt der Hauptpersonen am nächsten Tag ging allzu rasch vonstatten und war vornehmlich wegen der überlebensgrossen Königin Salote aus Tonga bemerkenswert, die uns trotz des Regens aus der offenen Karosse zuwinkte und damit viel Jubel auslöste. Da ich dies schreibe, steht das Goldene Jubiläum der Königin an. Manches Mal habe ich sie seitdem gesehen, bei Diners und intimen Mittagessen, bei mehr oder minder förmlichen Anlässen und im Oberhaus bei der Thronrede, und in aller Regel – abgesehen von ein, zwei Garden Parties – unter weniger regnerischen Umständen als am Tag ihrer Krönung.

Im übrigen aber war und ist London für mich vor allem anderen die London School of Economics. Bundespräsident Heinemann hat mit Recht auf die Frage, ob er denn nicht sein Vaterland liebe, geantwortet, er liebe seine Frau und gar kein Es. Bei mir ist das insofern schwieriger, als meine Frauen und die LSE zusammenhängen: An der *School* habe ich nicht nur meine erste Frau, sondern auch Ellen, meine zweite Frau, gefunden. Sie war als Zwanzigjährige in ihrem Auslandsjahr aus Amerika gekommen und wurde später Dozentin für russische Geschichte und Politik. Jedenfalls bedeutet mir die LSE mehr als jede andere Einrichtung.

Ihr heutiges Gebäude-Medley steht auf dem Gelände, auf dem vor der grossen Sanierung von 1900 ein in vieler Hinsicht städtischer Markt abgehalten wurde. Als Lionel Robbins nach seiner Erhebung zum Lord mit Garter King of Arms über seinen Titel und damit Namen verhandelte, wollte dieser ihm das Lord Robbins of Clare Market nicht erlauben. «Eure Lordschaft wollen doch sicher nicht Ihren Namen mit einem früheren Rotlicht-Bezirk verbunden sehen.» Es war übrigens nicht nur ein Markt der Waren und Frauen, sondern auch eine arme Gegend. Auf der Armutskarte von Charles Booth erscheint sie fast ganz in schwarz und tiefdunklem Rot; heute würde man das die Welt der Unterklasse nennen. Indes, Lord Robbins bestand auf seiner Titelwahl, so dass ich kein Problem mehr hatte, als ich 1993 zum Baron Dahrendorf of Clare Market in the City of Westminster wurde.

In der Vergangenheit und damit dem *genius loci* lag immer auch eine Verpflichtung. Wenn irgendeine Einrichtung das Bestehen auf höchster Qualität mit der Sorge um Arbeiterkinder und andere Benachteiligte verbindet, dann ist es die LSE. Auch die andere grosse Spannung von Wissenschaft und Politik blieb immer gegenwärtig. Spannung heisst, dass es nie ganz gelingt, die Institution auf einem geraden Kurs zu halten. Vielleicht neigte ich dazu, eher zu weit in Richtung auf die reine, Werturteile umsichtig in Schach haltende Wissenschaft zu drängen, während Tony Giddens umgekehrt zu bereitwillig die Wissenschaft mit der Politik zu verflechten neigt; aber an der LSE lohnt es sich sogar, Fehler zu machen; Korrekturen des Kurses sind immer möglich. Insoweit hat Popper dem Wesen der Institution bleibenden Ausdruck gegeben. Oder war es schon Sidney Webb, der Gründer, mit seiner an Selbstverleugnung grenzenden Bereitschaft, eher seine politischen Überzeugungen preiszugeben als seine Verpflichtung zur Verteidigung der wissenschaftlichen Integrität seiner Gründung?

Für mich war das Ende der LSE-Zeit im Juli 1954 nur ein temporärer Abschied. Für die Vervollständigung meines Londoner Ph.D. musste ich ohnehin ein Jahr später noch einmal zurückkommen. Anfang der 70er Jahre machte die LSE mich zum Honorary Fellow. Dann kamen die zehn Jahre als Direktor. Vor der Jahrhundertfeier der School verbrachte ich noch einmal zwei Jahre dort mit der Arbeit an meinem Lieblingsbuch unter all den Publikationen auf meiner Liste, der *History of the London School of Economics 1895–1995*.

21 *Die Heilige Familie*

Am 1. Juli 1954 betrat ich zum ersten Mal den neudeutschen Zweckbau an der Frankfurter Senckenberg-Anlage, den das aus dem amerikanischen Exil heimgekehrte Institut für Sozialforschung sich als Sitz erkoren hatte. Eine vornehmere Anfangsstellung als die des Assistenten von Professor Max Horkheimer konnte es für den jungen Soziologen nicht geben. Der Unternehmersohn Horkheimer war immer das gewesen, was man in seiner schwäbischen Heimat einen Grosskopfeten nannte, wenn er sich wohl auch lieber als Grandseigneur sah. (Bert Brecht nennt ihn einen TUI, einen Tellekt-Uell-In, allerdings «in der Zeit der Märkte und Waren», also einen «Vermieter des Intellekts».) Irgendwo hatte Horkheimer mich einmal kennengelernt. Dem war ein Briefwechsel gefolgt, der mit seiner Offerte begann. Auf meine vorsichtige Anmerkung, mir läge daran, genug Zeit für die Vorbereitung meiner Habilitation zu finden, hatte er mit der ziemlich interpretationsbedürftigen Formulierung geantwortet, «dass die Chancen dafür sich umso günstiger entfalten je rückhaltloser Sie der Arbeit an den Institutsdingen sich überlassen. Noch keiner ist dabei schlecht gefahren.»

An jenem 1. Juli war mein neuer Dienstherr übrigens in Amerika, wohin er damals noch gelegentlich musste, um seine doppelte Staatsbürgerschaft zu erhalten, aber auch um seine Professur an der Universität Chicago wahrzunehmen. So empfing mich an seiner Stelle sein Partner Theodor W. Adorno. Er erzählte mir ausführlich von den Arbeiten des Instituts, die mir allesamt nach ganz normaler Sozialforschung klangen. Über die Haltung deutscher Studenten zu Universität und Gesellschaft hatte das Institut eine Reihe von Umfragen veranstaltet. Jetzt fände demnächst eine Sitzung der Rektorenkonferenz statt, auf der über die Ergebnisse berichtet werden solle. Das sei für das Institut sehr wichtig, und er erwarte, dass ich in drei Wochen einen Bericht über die (mir bislang unbekannten) Forschungen vorlege. Ah ja, und dann sei da noch etwas. Ich wüsste ja sicher von den Studien der *Authoritarian Personality*, die sie in Amerika vorgenommen hatten. Nach der Rückkehr hätten sie nun etwas Neues versucht, das Experiment nämlich, Menschen nicht als Einzelne, sondern in Gruppen zu befragen. Es ging um die Deutschen und den Faschismus. Die durch einen «Grundreiz» stimulierten Diskussionen ausgewählter Gruppen seien auf Band aufgenommen und abgeschrieben worden. Nun aber müsse man sie auswerten. Bislang sei damit einer beauftragt worden, der sich als «stupider Marktforschungstyp» erweise. Ich solle mir doch das Material einmal ansehen; denn er, Adorno, hoffe, dass ich mehr daraus machen würde als der Marktforscher, der dann entlassen werden könne.

So begann der erste Arbeitstag in meiner ersten beruflichen Stellung. In meinem Zimmer dachte ich über die Aufträge nach. Der Bericht für die Rektorenkonferenz erwies sich als nicht allzu schwierig, wenngleich er vielleicht von jemandem hätte erbracht werden sollen, der sich in der Thematik und der Methodik der Untersuchung auskannte. Die Bewältigung der Aktenordner mit Protokollen des «Gruppenexperiments» war eine andere Sache, schon weil mir die Aufgabe missfiel, einen anderen gleichsam überflüssig zu machen. Ich ging damals zu dem «stupiden Marktforscher» und berichtete ihm, dass er hier wohl keine Zukunft hätte, dass ich aber aller Wahrscheinlichkeit nach vor ihm gehen würde.

Das Gruppenexperiment (an dem sich noch manche die Zähne ausbeissen sollten) war am Ende weder methodisch noch inhaltlich sonderlich ergiebig. Das sagenumwobene Frankfurter Institut betrieb ganz normale Umfrageforschung. Wo Neues versucht wurde, erwies es sich als untauglich; was tauglich war, brachte nicht viel Neues. Doch war das nur die Oberfläche einer tieferen Tendenz zur Anpassung an den Zeitgeist. Nun, 1954, wurden die Adenauerjahre zunehmend stimmungsprägend für alles im Land. Adorno und vor allem Horkheimer suchten Anerkennung in dem durch Marktwirtschaft und Westorientierung geprägten Umfeld. Das hiess, dass sie sich mit möglichst unauffälligen Schritten vom Ruf einer linken, gar marxistischen Haltung entfernten. Der grosse Ironiker Helmuth Plessner, damals schon Philosophie- und Soziologie-Professor in Göttingen, besuchte in dieser Zeit einmal Marx' Geburtsstadt Trier. Von dort schrieb er dem Frankfurter Paar eine Postkarte mit dem prägnanten Text: «Herzliche Grüsse aus der Geburtsstadt unseres geliebten – Georg Friedrich Wilhelm!»

Georg Friedrich Wilhelm, das war natürlich Hegel. Waren die Frankfurter wirklich von Marx zu Hegel zurückgekehrt? In gewissem Sinne schon, obwohl sie mich eher an die Hegelsche Linke erinnerten. Es gibt die herrliche Endlos-Polemik von Marx und Engels gegen die Brüder Bruno und Edgar Bauer, der Marx den Titel gab: *Die Heilige Familie oder Kritik der kritischen Kritik.* Die Autoren entlarven immer neu eine gestelzte Sprache, die die Welt zum alleinigen Besitz derer machen soll, die solche vorgebliche Kritik betreiben. «Die kritische Kritik gibt sich als absolutes Subjekt. Das absolute Subjekt bedarf des Kultus. Zum wirklichen Kultus gehören dritte gläubige Individuen ... Die kritische Kritik, die nicht in der sündigen Welt zu Hause ist, muss in ihrem eigenen Hause eine sündige Welt etablieren.» Leider habe ich den Plan nie verwirklicht, den Marx-Engelsschen Titel für eine Polemik gegen die «Frankfurter Schule» auszuleihen. Auch sie hatte ja, wie die Brüder Bauer, den klaren Kantischen Begriff der Kritik in eine diffuse dogmatische Position umgewandelt, die «kritische Theorie». Da war nichts mehr von kritischer Sondierung der Erfahrung, geschweige denn von Selbstkritik; es handelte sich um die Usurpierung des Begriffes der Kritik für eine eigentümlich geschlossene Gesellschaft.

Denn eine Heilige Familie waren sie auch, die Frankfurter, nicht etwa eine moderne Lebenspartnerschaft, geschweige denn eine Beziehung auf Zeit, sondern eine ganz einnehmende, noch zukünftige Generationen mit Beschlag belegende Familie. Nur einer hat sich ganz und gar aus der sektenhaften Abhängigkeit befreit, ohne zum Renegaten zu werden, das ist Jürgen Habermas. Sonst gibt es bis heute Sektenanhänger, die am liebsten jede Kritik der kritischen Theorie verbieten würden. Vielleicht war diese zugleich ein- und ausschliessende Bindung einer der Reize der «Frankfurter Schule» für eine orientierungslose Generation. Hinzu kam die Vieldeutigkeit der «kritischen Theorie», die Fähigkeit, noch in der Anpassung an Marktwirtschaft und Westorientierung den Eindruck zu erwecken, man sei eigentlich antikapitalistisch und antiamerikanisch.

Und dann war da die Aura des Unternehmens. Sie vermochte es sogar, die ganz altmodischen Ungleichheiten zu kaschieren, die die Heilige Familie kennzeichneten. Eine Aura zu verbreiten verstanden vor allem die beiden Leiter des Instituts, Max Horkheimer und Theodor W.Adorno. Ihre kapriziösen Gespräche konnten für den Aussenstehenden von entzückender, wenn auch unfreiwilliger Komik sein. «Vorhin sagte ein intelligenter Student zu mir, Aristoteles' Beziehung von dynamis und energeia erinnere ihn an Einsteins von ‹Masse› und ‹Energie›.» So Horkheimer, der nicht von dem Studenten, sondern von sich sprechen wollte und daher die Pointe hinzufügte: «Da habe ich zu ihm gesagt: ja, aber bei Einstein ist ‹Energie› auch gleich ‹Masse›!» Darauf Adorno mit allen Zeichen ehrfürchtiger Freude über die profunde Einsicht: «Max, du hast ja recht, bei Einstein ist das eine Gleichung!» Es fehlte nicht viel und die beiden wären sich in die Arme gefallen.

Für den aus klareren Verhältnissen kommenden jungen Assistenten war das alles einerseits belustigend und andererseits fremd.

Jedenfalls war es nicht leicht, sich einen Reim auf das Gehörte zu machen. Adorno und Horkheimer waren doch Partner, ja Freunde – oder? Als ich Adorno im Blick auf die *Dialektik der Auklärung* fragte, wie man es eigentlich anstellt, ein Buch zu zweit zu schreiben, zögerte er nicht: «Zu zweit? Horkheimer hatte schon seit längerem nichts mehr veröffentlicht, und da fand ich es richtig, seinen Namen mit auf die Titelseite zu setzen. Aber das Buch stammt von mir.»

Nicht mehr so lustig waren die Praktiken der Institutsdirektoren gegenüber Schwächeren und die dahinterstehende Haltung zu den angeblichen Forderungen der Zeit. Heinz Maus war erst vor kurzem aus der DDR geflohen und bekam zwar eine Stellung, aber zu vermindertem Gehalt und ohne sichtbare Präsenz. Jürgen Habermas drohte angeblich ein ähnliches Schicksal mit der Begründung, seine Sprechbehinderung mache ihn als Dozent untauglich, so dass er nur als Forscher zu verwenden sei. Die Thematik seiner Interessen zwang ihn dann ohnehin, seine Habilitation bei weniger zeitgeistverängstigten Professoren vorzunehmen. Bald sah ich, dass mir dasselbe Schicksal blühte. In der geplanten (und dann nicht realisierten) Neuausgabe der einst renommierten «Zeitschrift für Sozialforschung» sollte ein Artikel des Kunstsoziologen Arnold Hauser erscheinen, in dem viel von Klassen die Rede war. «Das nehmen wir heraus», sagte Horkheimer. «Warum ‹Klasse›? Es ist doch nicht nötig, bewusst zu schockieren.» (Witzigerweise gibt es in Brechts «Tui-Roman» einen Abschnitt, in dem der «Streit der Tuis über die Existenz der Klassen» durch ein vom Kaiser veranlasstes «Preisausschreiben» dahingehend entschieden wird, dass es keine Klassen gibt.) Da es meine Absicht war, meine Habilitationsschrift über soziale Klassen und Klassenkonflikte zu schreiben, zog ich meine eigenen Schlüsse.

Kurz vor Ende meines ersten Frankfurter Monats tat ich das Unerhörte und kündigte die Stellung. So verliess ich die gastliche Stätte Ende August, noch vor dem «stupiden Marktforscher», zu dessen Verstossung ich ausersehen war. Die Partner waren verblüfft, fanden aber bald eine Erklärung. Schon vor meinem Weggang (am 17.8.1954) schrieb Adorno an Horkheimer; ich sei «wohl der stärkste Beweis für unsere These, dass in einem strengen Sinn nach uns nichts kommt».

Für mich galt das (wie die Leserinnen und Leser bald sehen werden) nicht; es kam noch vieles nach der Frankfurter Episode. Übrigens pflegten die vorübergehenden Dienstherren die Beziehung zu mir auch nach meinem Weggang in beinahe auffälliger Weise. Horkheimer lud mich zu langen Gesprächen mal ins «Hotel Waldhaus» in Flims, mal in sein Anwesen in Montagnola im Tessin ein. Da ging es nicht um Fragen des Geistes, sondern um solche des Tages, um Personen und Ereignisse. Ich genoss die Begegnungen, wenn ich auch ein etwas unheimliches Gefühl in der Gegenwart des «Tui» nie loswurde.

Ganz anders Adorno. Er war in gewisser Weise nicht von dieser Welt. Der Schock, als einige Studentinnen ihn 1969 umringten und ihm ihre blanken Busen vorführten, zeigte, dass für ihn das Wirkliche eigentlich nicht möglich war. Immer wieder stritten er und ich über Sinn und Zweck der Erfahrungswissenschaft. 1957 lud er mich nach Frankfurt zu einem Vortrag ein, der zu einer Korrespondenz führte. Er werde mich nicht bekehren, schrieb ich ihm. Das wolle er auch gar nicht, antwortete er; aber «ich werde Ihnen keinen Frieden geben, bis darin der Frieden zwischen uns herrscht, von dem ich glaube, dass er uns eigentlich bestimmt ist». Beim Tübinger «Positivismusstreit» zwischen Popper und Adorno 1961 hielt ich mich als Gastgeber naturgemäss zurück. Doch der Frieden herrschte zwischen Karl Popper und mir – vielmehr, da Frieden dann doch wieder nach einer Heiligen Familie klingt, blieben Popper und ich vor allem Verfechter der offenen Gesellschaft.

22 *Der Soziologe*

Mein nächster Besuch im Frankfurter Institut hatte nichts zu tun mit den Grosskopfeten und ihren kultischen Verrichtungen. Gastgeber war vielmehr Ludwig von Friedeburg, der geschäftsführende Assistent des Instituts und auf Grund mannigfacher Erfahrungen, darunter als «Demoskop» im Umkreis von Elisabeth Noelle-Neumann, gleichsam das Bindeglied der kritischen Theorie zur wirklichen Welt. Friedeburg hatte einen informellen Kreis versammelt, dem wir bald den nur halb zutreffenden Namen der «Industriesoziologen» gaben. Die Zusammensetzung wechselte, aber ausser dem Gastgeber und Manfred Teschner vom Frankfurter Institut kamen zuweilen Heinrich Popitz und Hans Paul Bahrdt, Burkart Lutz und Siegfried Braun, Rainer Lepsius und manchmal auch Jürgen Habermas. Ich reiste anfangs in einem nicht ganz wasserdichten Citroën aus dem noch «ausländischen» Saarland an. Wir alle hatten dies gemeinsam, dass wir die Soziologie neu und aufregend fanden.

Dabei war das Fach keineswegs neu, auch wenn es einstweilen in Deutschland nur wenige Lehrstühle gab. Deren Inhaber gehörten einer Generation an, in der fast keiner den anderen mochte. Die Frankfurter sprachen kaum mit René König in Köln, denn er war «Positivist», und König sprach nicht mit Helmut Schelsky in Hamburg, denn der war «ein alter Nazi». Mit den Frankfurtern sprachen ohnehin nur Anhänger der Heiligen Familie. Der ein Jahrzehnt ältere Helmuth Plessner in Göttingen sah das alles mit gehöriger Ironie, aber auch seine weise und witzige

Liberalität hielt ihn weit entfernt von dem herben Nationalkonservativen Arnold Bergsträsser in Freiburg, und beide konnten wenig anfangen mit den profunden Konfusionen von Alfred Weber in Heidelberg. Schelsky, dessen Radarschirm alles aufzeigte, vermutete schon damals, dass «die spannungsreiche Uneinigkeit und der damit verbundene Streit unter den älteren Gruppen der deutschen Soziologen» dazu führen werde, dass die Jüngeren ihren eigenen Weg gehen und damit «sehr schnell zum Zuge kommen».

Der erste Deutsche Soziologentag, den ich besuchte, fand in Heidelberg statt; das Jahr war 1954. Ich war ein unscheinbarer geduldeter Gast und daher überrascht, als Alfred Weber mich persönlich angriff als einen der Jungen, die für die Amerikanisierung der deutschen Soziologie verantwortlich sind. In Amerika war ich bis dahin nur als Seemann gewesen. Theodor Heuss war dabei, der amtierende Bundespräsident ganz ohne Assistenten- und Polizistenschweif als normaler Konferenzteilnehmer. Er plädierte für eine Sozialwissenschaft ohne Fachgrenzen. Ein Hauch von Weimar umgab alle Diskussionen, ein Nachhall des geistigen Klimas der Weimarer Republik. Dass ich mir in diesem Kreise fremd vorkam, ist nicht überraschend.

Für uns Jüngere bedeutete die Soziologie vor allem die Suche nach Wirklichkeit. Studiert hatte keiner von uns das Fach; die einen waren Philosophen, die anderen Ökonomen, und auch die Ökonomie, die von Edgar Salin in Basel zum Beispiel, trug philosophische Züge. Was wir nicht wollten, war Ideologie in jedweder Gestalt. Wo aber ist die Wirklichkeit zu finden? Nicht in der Fleet Street, wohin Karl Mannheim seine Studenten zur Sozialbeobachtung geschickt hatte, aber auch nicht in den Hörsälen und Korridoren der Universitäten, die später so viele Verlegenheitsthemen für Soziologie-Doktoranden abgeben sollten. Inbegriff der Wirklichkeit war für uns vielmehr die Industrie, und zwar die Schwerindustrie, also Stahl, damit Eisen und Kohle.

Überdies war es der Grossbetrieb, der unser besonderes Interesse erregte.

Es ist erstaunlich, wie viele von uns mit empirischen Arbeiten über industrielle Themen ihre Karriere lanciert hatten. Unser Gastgeber Ludwig von Friedeburg schrieb über das «Betriebsklima», der Münchener Rainer Lepsius über den «Meister im Industriebetrieb», der Göttinger Christian von Ferber über «Arbeitszufriedenheit». Vor allem aber hatten zwei bedeutende Viererteams begonnen, ihre Forschungsergebnisse aus der Stahlindustrie zu publizieren. Theo Pirker, Burkart Lutz, Siegfried Braun und Fro Hammelrath hatten sich in gewerkschaftsnaher Absicht mit den Folgen des Mitbestimmungsgesetzes von 1951 befasst (*Arbeiter – Management – Mitbestimmung*). Ihre Umfragen unterstrichen vor allem die verbreitete Erwartung, dass sich durch die Mitbestimmung die Lage der «Schaffenden» verbessern würde. Heinrich Popitz, Hans Paul Bahrdt, Hanno Kesting und Ernst August Jüres hatten unter den Auspizien der Sozialforschungsstelle Dortmund minutiöse Beschreibungen der Arbeitsprozesse von Stahlkochern in Rheinhausen mit theoretischen Analysen verbunden. Zwei klassische Bücher gingen daraus hervor, *Technik und Industriearbeit* und *Das Gesellschaftsbild des Arbeiters*.

Meine englische Dissertation über ungelernte Industriearbeiter führte in ähnliches Gelände, jedoch mit einem wichtigen Unterschied. Auch für mich war die Industrie Inbegriff der Wirklichkeit. Allerdings war diese Wirklichkeit nicht nur durch die Arbeit und ihre Formen bestimmt, sondern sie war auch Quelle sozialer Ungleichheiten und Konflikte. Damit brachte ich (ohne es seinerzeit zu wissen) die Ansätze der deutschen und der englischen Soziologie nach dem Kriege zusammen. Für meine englischen Freunde war die Wirklichkeit die der Klassen. David Lockwood schrieb seine Dissertation über Angestellte als «falsche» Klasse (*The Blackcoated Worker*) und machte sich dann gemeinsam mit John Goldthorpe und anderen an die grossen empirischen Untersuchungen über den *affluent worker*, den Arbeiter in der «Gesellschaft im Überfluss». Sind Arbeiter unter diesen Umständen noch eine Klasse? Ja, war die Antwort. Die anderen Londoner Freunde kamen für andere Themenbereiche zum gleichen Ergebnis. Manche hatten an der von David Glass geleiteten Untersuchung der sozialen Mobilität teilgenommen. Andere beschäftigten sich mit Bildungschancen. Sie alle fanden, was A.H. («Chelly») Halsey in die knappe Formel fasste: «Die Ungleichheit der Klassen widersetzt sich störrisch allen sozialen Wandlungen.»

Hätten Brechts Tuis ihr kaiserliches Preisausschreiben in England durchgeführt, dann wären sie vermutlich zum entgegengesetzten Ergebnis gekommen. In Deutschland dagegen war ich der Abweichler mit meinem Ja auf die selbstgestellte Frage: «Gibt es noch Klassen?» Es passt in das Bild, dass die Industrie in England nicht zuletzt Soziologen aus Deutschland überlassen wurde, wie der Birmingham-Gruppe um Wilhelm Baldamus und Hilde Behrendt. In einer Hinsicht gab es jedoch in den späteren 50er Jahren eine zunehmende Konvergenz; wir alle begannen, den Begriff der Industriegesellschaft zur Beschreibung der Gegenwart zu bevorzugen. 1955–56 hielt Raymond Aron in Paris die berühmten *Achtzehn Vorlesungen* über die industrielle Gesellschaft, die dem Begriff Substanz und Dignität gaben.

Sagte ich, dass «alle» den Begriff bevorzugten? Das täte den Frankfurtern nun doch Unrecht. Als Ende der 60er Jahre der Frankfurter Soziologentag vorbereitet wurde, gab es schon im Vorfeld einen unauflösbaren Streit über die Terminologie. Der Streit fand dann in der Themenformulierung seinen Niederschlag: «Spätkapitalismus oder Industriegesellschaft?» Man hätte auch sagen können: Kritische Theorie oder erfahrungswissenschaftliche Soziologie? Vielleicht sogar: Frankfurt oder der Rest der Welt? Indes enthielt mittlerweile der Rest der Welt, vor allem Berlin, eine Portion Frankfurter Gegenwartskritik. Denn die Zeiten hatten sich geändert. Zwar war nicht von Klassen die Rede, aber doch von der «Disparität von Lebensbereichen». Vor allem aber hatte der Adenauer-Erhard-Optimismus sich verflüchtigt, und es gab allerlei besorgte Fragen und dogmatische Antworten, die die parlamentarische, vor allem aber die ausserparlamentarische Opposition anregten.

Doch zurück zu den goldenen Fünfzigern und dem Wirtschaftswunder. Niemand hat die Zeichen der Zeit früher erkannt und publikumswirksamer beschrieben als Helmut Schelsky. Seine *Wandlungen der deutschen Familie* (1953) argumentierten, die Zeit des kriegsbedingten Familienzerfalls sei vorbei und es gebe eine neue Stabilität. Dieser Prozess finde aber in einer für die Jugend veränderten Welt statt; die Jungen seien nun *Die skeptische Generation* (1957). Dass das auch mit einer neuen Offenheit der Moral zu tun hat, hatte Schelsky schon in der *Soziologie der Sexualität* (1955) vermerkt. Am Ende des Jahrzehnts traten *Schule und Erziehung* (1957) als neues Thema in den Vordergrund. Schelsky setzte solche zeitbezogenen, auch ephemeren, aber damals vielgelesenen Veröffentlichungen fort, bis angesichts der Ereignisse von 1968 sein Kontakt zur Wirklichkeit abbrach und er sich in antiintellektuelle Bitterkeit zurückzog.

Schelsky residierte lange Zeit in Hamburg, später in Münster. Bis zu seiner inneren Emigration war er ein Mann von bemerkenswerter *largesse*, der auch denen half, die ihm intellektuell eher fernstanden, ja ihn öffentlich kritisierten. Zum Beispiel hatte er viel für meine Bestellung zum Professor an der Hamburger Akademie für Gemeinwirtschaft getan. Sein Kölner Widerpart René König war demgegenüber eher geneigt, seinen eigenen Zirkel zu pflegen, auch wenn er dadurch keine Schule bildete. Sein grosses Verdienst war es jedoch, die deutsche Soziologie mit der Weltentwicklung des Faches zu verknüpfen. Als ich 1956 zum ersten Mal einen Weltkongress für Soziologie in Amsterdam besuchte, war König Vizepräsident des internationalen Verbandes. Die Auseinandersetzungen mit Amerikanern und Russen über soziale Schichtung auf diesem Kongress haben in meiner Habilitationsschrift über «Soziale Klassen und Klassenkonflikt» ihren Niederschlag gefunden.

Zur Zeit der Habilitation, 1957, war ich sozusagen wohlbestallter Assistent an der Universität des Saarlandes. Doch war eine solche Position im Kreis der «Industriesoziologen» noch keineswegs die Regel. Heinrich Popitz besuchte ich gelegentlich in Ludwigshafen, wo er bei dem Chemie-Unternehmen BASF beratend tätig war. Hans Paul Bahrdt hatte eine ähnliche Position. Hanno Kesting blieb noch viele Jahre in ungesicherten Stellungen, als gelegentlicher Dozent, als Journalist. Wie Burkart Lutz war auch Siegfried Braun an diversen Projekten des Wirtschaftswissenschaftlichen Instituts der Gewerkschaften tätig. Er promovierte erst 1963. Da beschrieb sich Lutz schon als ein «freiberuflicher Industriesoziologe».

Die Moral von dieser Geschichte ist, dass für uns alle empirische Sozialforschung und soziologische Analyse zunächst eine grosse Entdeckungsreise waren. Wir hatten uns von einer allzu ätherischen Geisteswissenschaft befreit und genossen die handfestere Welt der Sozialwissenschaften. Die geistige Entdeckungsreise kam vor dem Gedanken an Karriere. Das war übrigens schon darum sinnvoll, weil es an den Universitäten nach wie vor nur wenige Stellen für Soziologen gab. Erst ganz am Ende der 50er Jahre begann, zunächst langsam, die Entdeckung der Soziologie durch die Universitäten und Kultusministerien, damit die Schaffung von Professoren- und Assistentenstellen. Das war auch die Zeit, in der einer nach dem anderen von uns, manche früher, manche später, an die Habilitation ging. Und so geschah, was nach Lage der (deutschen) Dinge geschehen musste, wir wurden Beamte, zuerst auf Zeit, dann auf Lebenszeit. Ein paar Jahre früher, als die «Hamburger Akademische Rundschau» eingestellt werden musste, hatte Karl Ludwig Schneider eine ähnliche Entwicklung in einem Brief an seinen Partner Hans-Joachim Lang in die treffenden Worte gefasst: «Also auf, lass uns Beamte werden! Sicherheiten in jeder Hinsicht – und das abenteuerliche Herz zu den Jugenderinnerungen!»

Beziehungsweise, so könnte man immerhin hinzufügen, zu einem neuen, sublimierten Aggregatzustand, dem der intellektuellen Lebenspläne. Auffälligerweise hörten die meisten von uns damals auf, Industriesoziologen zu sein (und die, die es blieben, fanden als Letzte eine beamtete Stelle). Manche begaben sich auf ausgreifende Wege des Denkens und Wirkens. Zwei vor allem sollte ich erwähnen, weil eine seltsame Beziehung der Nähe ohne Gemeinsamkeit mich mit ihnen verbindet; es sind Heinrich Popitz und Jürgen Habermas.

Heinrich Popitz war wie ich ein Kind des Widerstandes gegen Hitler. Sein Vater, Johannes Popitz, der hohe preussische Staatsbeamte von liberalem Zuschnitt, wurde 1944 hingerichtet. Der Sohn studierte nach dem Krieg in Basel bei Karl Jaspers und Edgar Salin und promovierte (wie ich) 1952 mit einer Arbeit über Marx. Wir lernten uns bei den Industriesoziologen kennen, sahen uns während seiner Industrietätigkeit in Ludwigshafen und dann immer wieder in Basel und in Freiburg, den Stationen seiner akademischen Karriere. Sein Sinn für Genauigkeit hätte Josef König gefallen; wie bei König bedeutete er allerdings ein wachsendes Zögern, noch nicht bis ins letzte Zuendegedachtes zu publizieren. So kam es, dass er sich mehr und mehr auf sein Freiburger Umfeld zurückzog. Gelegentliche Ausflüge in die Wirklichkeit machten ihn nicht weltlicher. Am Montag nach der verheerenden Wahlniederlage der SPD 1961 beschloss er, die Partei dadurch zu trösten, dass er einen Mitgliedsantrag stellte, und er war dann böse, das Parteibüro nach der langen Wahlnacht geschlossen zu finden.

Die kleinen Theoriestücke von Popitz geben eine ebenso erlesene wie esoterische Reihe ab mit Titeln wie «Über die Präventivwirkung des Nichtwissens», «Die normative Konstruktion von

Gesellschaft», «Phänomene der Macht». Er schickte sie seinen Freunden stets mit einem der Schüttelreime, für die er bekannt wurde und die oft profunde Weisheiten verbargen:

Siehst du sie rein, in nackten Formen,
so werden dir aus Fakten Normen.

Für die Welt der Praxis aber war er zunehmend verloren; in der «Gründerzeit» der neuen Universitäten markierte er die Distanz, wobei er nicht zuletzt auf meine Tätigkeit bei der Gründung von Konstanz anspielte. «Alles lässt sich gründen», witzelte er (in einem Freiburger Professorenkabarett):

Dann lässt sich gründen offenbar,
was nicht mehr ist, doch früher war;
dann, was nicht war, noch ist, jedoch
noch werden kann und kommen noch;
und endlich – folg' mir unbeirrt –
was weder war, noch ist, noch wird.

Mich hat einmal ein Diskussionsleiter eingeführt als einen «schon zu seinen Lebzeiten vergessenen Klassiker». Bei Popitz könnte es umgekehrt kommen, vielleicht wird der unlängst Verstorbene als Klassiker erst noch entdeckt.

Das braucht Jürgen Habermas nicht. Unsere flüchtige Bekanntschaft am Frankfurter Institut hat sozusagen wechselseitige Sympathie ohne Folgen gestiftet. Später trafen wir uns immer wieder; 1968 hatten wir nicht unähnliche Positionen, auch wenn er den Schritt vom politischen Intellektuellen zum intellektuellen Politiker nicht tat. Ein Jahrzehnt danach wären wir beinahe zu einem ständigen Gespann geworden, als ich nämlich fast bis zur Unterschrift des Vertrages kam, der mich zum Nachfolger Carl Friedrich von Weizsäckers als Ko-Direktor des Starnberger Max-Planck-Instituts, dessen anderer Direktor Habermas war, gemacht hätte. Obwohl er und ich uns in den Vorgesprächen sehr nahe gekommen waren, entschied ich mich in letzter Minute, an der LSE zu bleiben, deren Direktor ich damals war.

Habermas begann in den 50er Jahren, von denen hier in erster Linie die Rede ist, seine ebenso spektakuläre wie nachhaltig wirksame Karriere. Er schuf ein grosses, weltweit anerkanntes Werk der philosophierenden Soziologie, und er blieb ein allzeit wacher Intellektueller, der mit vielen Beiträgen sein Scherflein zur Sicherung der deutschen Demokratie beitrug. Die *Theorie des kommunikativen Handelns* ist nicht mein Fall. Sie erinnert mich zu sehr an Rousseau, während mir Hobbes näher liegt (um einmal nicht Hegel und Kant zu bemühen). Aber sie ist unzweifelhaft ein grosses Werk – eines jener Werke, die es dem Autor erlauben, die Geistesgeschichte so zu schreiben, dass sie folgerichtig zu ihm und seinem Denken führt. Für Habermas den öffentlichen Intellektuellen habe ich nur Zustimmung. Er ist mein Generationsgenosse und traf unser Verhältnis genau, als er mir unlängst schrieb, wir hätten viel Paralleles erlebt und getan, allerdings ohne dass daraus ein Miteinander geworden sei.

Der Soziologe Ralf Dahrendorf ging andere Wege. Das Jahrzehnt, das meinem 29. Geburtstag folgte, war ein Jahrzehnt erregender geistiger Entdeckungen. Am Anfang hatten diese viel mit Theorie und ein wenig mit Analyse zu tun; am Ende dominierte die Analyse realer Entwicklungen, bis diese die Verlockung unwiderstehlich machte, an ihnen aktiv teilzuhaben.

Die Theorie suchte sozialen Wandel aus Konflikten zu erklären. Gesellschaft heisst immer auch Herrschaft, und Herrschaft bringt die Antagonismen hervor, die die Veränderung sozialer Strukturen bewirken. Eine Zeitlang glaubte ich, damit den theoretischen Hebel für das Verständnis historischer Prozesse gefunden zu haben; doch verlockte die praktische Anwendung zu sehr. Ich wandte mich der deutschen Gesellschaft zu und den grossen Veränderungen, die unter meinen Augen vorgegangen waren.

Lange Zeit sahen die meisten meiner Freunde die Adenauerjahre als eine Zeit der Restauration. Wenige nahmen wahr, wie tiefgreifend die bedeutenden Entscheidungen Ludwig Erhards zur Durchsetzung der Marktwirtschaft das Land verändert hatten. Viele übersahen auch, dass die Wendung zum Westen den Abschied von den dumpferen Elementen des deutschen Selbstverständnisses bedeutete. Das Buch *Gesellschaft und Demokratie in Deutschland* erschien zwar erst 1965, aber es geht zurück auf Vorlesungen, die ich in Saarbrücken begonnen und dann in Hamburg fortgesetzt habe.

Als ich an der Hamburger Akademie für Gemeinwirtschaft zu lehren begann, nahm ich «meine» Studenten, aber auch mich selbst sehr ernst. Was die Studenten betraf, so war diese Einstellung wohlbegründet. Der zweite Bildungsweg, auf den sich die jungen – und oft nicht mehr so jungen – Menschen begeben hatten, verlangte von ihnen ungewöhnliche Anstrengungen. Da durften ihre Lehrer ihnen nichts schuldig bleiben. Das war eine befriedigende Erfahrung. Nie habe ich das Lehren mehr genossen als bei diesen Studenten, die zugleich erfahrungsgesättigt und wissenshungrig waren.

Was andererseits mich betraf, so war ich mit 28 oder auch 29 eben doch zu jung, um meine Erscheinung mit der nötigen Distanz zu sehen. Im offenen VW-Cabrio sei ich mit meiner englischen Frau vorgefahren, habe ihr «mit souveräner Ruhe» die Tür geöffnet und zugleich «den bohrenden Blick» der ernsten Wissenschaft gezeigt. Der mich so sah – oder zumindest heute meint, mich so gesehen zu haben – ist Hans-Olaf Henkel. Der spätere Industriellenpräsident war damals einer der jüngeren Akademie-Studenten, eigentlich sogar zu jung, um auf den zweiten Bildungsweg zu gehören; aber das hinderte ihn nicht daran, an seinem Studium Freude zu finden. Dass er wirklich «vor Ehrfurcht verging» angesichts meines Auftretens, kommt mir eher unwahrscheinlich vor, zumal er sich nicht entscheiden konnte, ob ich «ein deutscher Kennedy» oder «die Inkarnation des Engländers» war. Das indes kann ich ihm nicht verübeln. Es gab trotz allem so vieles, das auch ich mit 28 noch nicht entschieden hatte.

Epilog *Das Weltkind*

Mein ungebärdiger Freund Hans, der mit den Gartenhäusern und den grossen Hunden, hatte eines Tages die Idee, wir sollten beide einen Astrologen aufsuchen, der in einem Torbogen unter den Geleisen der Hamburger Hochbahn seine schwarze Kunst betrieb. Es mag 1950 gewesen sein. Ich erinnere mich noch gut an Hans' Horoskop. Eine dunkle Dame sei sein Verderben, erzählte der Sterndeuter ihm, woraufhin Hans sich von seiner bildhübschen, aber schwarzhaarigen Freundin trennte. Was mich betrifft, ist die Erinnerung unschärfer, wohl weil die Prognose keine so unmittelbaren Folgen zeitigte. Mir sagte der Mann eine durchaus freundliche Zukunft voraus, aber nicht in irgendeinem speziellen Gewerbe, sondern als Vermittler. Mir sei es gegeben, das an sich Entfernte so zu verbinden, dass ich viele Menschen ansprechen und hier und da ein bisschen Klarheit stiften könne.

Ernst Zinn hätte das nicht gemocht; es war gerade nicht das *sophos* mit dem *accusativus Graecus*, das Sich-auf-etwas-Verstehen, die Kompetenz in einem bestimmten Gebiet. Ob Josef König es gemocht hätte, weiss ich nicht; immerhin erlaubt, ja verlangt die Vermittlung des Unvermittelten Genauigkeit, wenn sie nicht zum Geschwafel werden soll. Ich selbst, damals 21, konnte wenig mit dem Rat der Sterne anfangen. Auch mit 28 hätte er mir noch nicht viel bedeutet. Jetzt aber, mehr als ein halbes Jahrhundert später, kommt mir das ominöse Horoskop nicht gar so abwegig vor.

Vermitteln ist vielleicht nicht ganz das richtige Wort für das, was ich zunehmend gerne und halbwegs erfolgreich getan habe.

Über Grenzen zu gehen, trifft eher, manchmal sogar rittlings auf dem Schlagbaum zu sitzen. Das beschreibt zum Beispiel die Wanderung von der Wissenschaft in die Politik (und zurück) und dann die «wissenschaftliche Politik» (wie mein Tübinger Kollege Eschenburg sein Tun gerne nannte), die Politikberatung, das Vordenken für politisch Handelnde. Ähnliches gilt für andere Grenzen. Als die britische Königin mich zum Ritter schlug, sollte mein Beitrag zu deutsch-britischen Beziehungen gewürdigt werden. Ich glaube nicht, dass ich für diese im technisch-organisatorischen Sinn viel getan habe; wohl aber habe ich versucht, beiden, Deutschen wie Briten, nahezubringen, was die jeweils anderen zum Ticken bringt.

Grenzgänger solcher Art können leicht einmal zwischen die Stühle geraten. Das ist mir hin und wieder geschehen, doch hat es mich nicht sonderlich beunruhigt, wenn Politiker mich «akademisch» und Professoren mich «journalistisch» finden. Grenzgänger können auch, jedenfalls im House of Lords, auf den *cross benches*, den Querbänken sitzen, die Regierung zu ihrer Linken und die Opposition zur Rechten. Da sitze ich allerdings nicht, sondern auf denen der Liberaldemokraten, also der (seit 1922) permanenten Opposition. Parteimitglied bin ich dennoch nicht geworden; ich bleibe insofern eine Art Querbänkler auf den Bänken einer Partei.

Es gibt noch eine andere Art Zwischen-Stuhl, das ist die Position des *chairman*, des Vorsitzenden. Der (oder die) Vorsitzende ist nicht Partei und kann doch dem Amt nur gerecht werden, wenn er (oder sie) die Parteien versteht. Ich bin mit den Jahren zunehmend häufig Vorsitzender gewesen, vor allem in Gremien der Politikberatung, wie dem «Arbeitskreis Hochschulgesamtplan» in Baden-Württemberg oder der «Commission on Wealth Creation and Social Cohesion» in London, die die Quadratur des Zirkels von Wirtschaftswachstum und sozialer Solidarität gesucht hat. Auch die Leitung von Institutionen wie der London School of Economics oder dem St. Antony's College in Oxford habe ich als unparteiische Aufgabe verstanden, nicht gerade in dem bis zur Schläfrigkeit entspannten Sinn amerikanischer *chairmen*, aber doch in der Absicht, möglichst viele von wünschenswerten Wegen zu überzeugen.

Wer so gerne und häufig über Grenzen geht, befindet sich nicht immer in der bequemsten Stellung. Zuweilen kann er sich mit einem Fuss in zwei für die meisten unvereinbaren Lagern finden. Darunter leidet nicht nur das Sitzfleisch (von dem bürokratischere Geister oft genug betont haben, dass es mir abgeht), sondern auch die Beständigkeit des Bildes, das einer abgibt. Nicht dass die Bilder wackelten; sie verwirren eher durch die changierenden Kontexte, in denen dieselbe Person erscheint. Schon die wenigen in diesem Buch versammelten Photographien geben davon einen Eindruck. Am Ende wird der Vermittler und Grenzgänger zu einer Art Joker, der in allerlei höchst verschiedene Kartenblätter passt – was ihn selbst allerdings, wie der Name *joker* anzeigt, durchaus vergnüglich stimmt.

Am Ende fand ich die schönste Beschreibung dessen, worauf ich hier abziele, bei Goethe:

Prophete rechts, Prophete links,
Das Weltkind in der Mitten.

Der sechsundzwanzigjährige Dichter war fast am Ende seiner Geduld als er sich nicht nur beim «Diner von Coblenz», sondern über Wochen hin immer wieder zwischen zwei Enthusiasten fand, einem theologischen (Lavater) und einem pädagogischen (Basedow). Allerdings lenkt er dann (in *Dichtung und Wahrheit*) rasch von seiner eigenen Rolle als «Weltkind in der Mitten» ab: «Glücklicherweise hatte dieses Weltkind auch eine Seite, die nach dem Himmlischen deutete...» Das ist bei mir sicher nicht der Fall. Dieser Autor ist nicht nur entschieden ein Kind dieser Welt, sondern sieht sein Tun auch in einer höchst aktiven Mitte.

Mit dem «Propheten rechts» und dem «Propheten links» hatte es ja im 20. Jahrhundert seine eigene Bewandtnis. Es gab die beiden grossen Versuchungen des Totalitarismus. (In den hier erzählten Lebensgeschichten des noch nicht Achtundzwanzigjährigen spielen sie eine zentrale Rolle.) Nur wenige widerstanden beiden trotz aller Anfechtungen. Karl Popper war einer von diesen, Isaiah Berlin ein anderer, Raymond Aron ein dritter. Jeder dieser Männer hat in meinem Leben eine besondere Bedeutung gehabt. Ich nenne sie Erasmus-Menschen. Damit meine ich diejenigen, die die grossen geistig-politischen Auseinandersetzungen der Zeit verstehen, ja sich aktiv an ihnen beteiligen, aber dennoch nicht der Versuchung erliegen, sich einem Lager hinzugeben. Sie sind eben keine Propheten, sondern Weltkinder.

Erasmus von Rotterdam hat die Phantasie vieler nun schon seit einem halben Jahrtausend beflügelt, obwohl (oder weil?) er das Kunststück fertigbrachte, zugleich mit Thomas More, dem katholischen Institutionalisten, befreundet zu sein und von Ulrich von Hutten, dem protestantischen Enthusiasten, verehrt zu werden. Am Ende liess er beide fallen; Propheten sind anstrengende Tischgenossen. Die grössere Anstrengung aber ist die der Erasmus-Menschen, wie ich sie nenne, die ihren klaren Kurs der Vernunft auch in den von Propheten angefachten Stürmen der Zeit halten. Ihr Lob zu singen, ist daher die nächste Aufgabe, die ich mir vorgenommen habe.

Bildnachweis

Thomas Höpker, München 23
G. N. Knauer 21, 22
Universal Pictorial Press & Agency, London
(Ref. U 6265/A-25) 25
Museum Viadrina, Frankfurt (Oder), Gedenk- und
Dokumentationsstätte Opfer politischer Gewaltherrschaft
1933–1945/1945–1989. Photo: Günther Fromm 12

Es ist uns nicht in allen Fällen gelungen, die Inhaber der Bildrechte ausfindig zu machen. Wir bitten sie, sich gegebenenfalls mit uns in Verbindung zu setzen.

Ralf Dahrendorf bei C.H.Beck

Ralf Dahrendorf
Liberal und unabhängig. Gerd Bucerius und seine Zeit
2. Auflage 2000. 304 Seiten
mit 47 Abbildungen auf 16 Tafeln. Leinen

Wie kaum ein anderer Verleger hat Gerd Bucerius die politische Publizistik der Bundesrepublik Deutschland geprägt. Sein widersprüchliches Leben als Politiker und «erster Mann» der «Zeit» bilanziert jetzt der Soziologe Ralf Dahrendorf in einer ebenso klaren wie spannenden Biographie.
Tageszeitung

Der Gründungsverleger der «Zeit» hätte sich keinen besseren Biographen wünschen können.
Zeitschrift für Politikwissenschaft

Ralf Dahrendorf
Die Krise der Demokratie
Ein Gespräch mit Antonio Polito
Aus dem Italienischen von Rita Seuß
2002. 116 Seiten. Klappenbroschur